이 **많은**
고양이는
어디에서 왔을까?

함께 해준 고양이들

장루이 · 장콩이 · 황토 · 준팔이 · 새콤이(써ㅣㅣ) · 별이 · 달이 · 구름이 · 롱롱이 · 아롱이 · 다롱이 · 대롱이 · 메롱이 · 달콩이 · 턱시도고양이 · 키티 · 해루 · 쿠로 · 밍밍이 · 달콤이 · 화니 · 막둥이 · 별이 · 흰둥이 · 은정이 · 봄이 · 여름이 · 가을이 · 겨울이 · 대꼬 · 까망이 · 아라 · 보보 · 춘장 · 단지 · 미카 · 님프 · 치이 · 나비 · 릴라 · 목화 · 금주 · 힘찬이 · 수한이 · <나비야사랑해> 보호소 고양이들

이 많은 고양이는 어디에서 왔을까?

1판 1쇄   2016.08.15

지은이   김바다
출전자   유주연·김소진·강지영

펴낸이   권해진
펴낸곳   알(R)
등록번호   제 2016-000119호
주소   경기도고양시 덕양구 삼원로 102 102-1506
연락처   Rpapers0622@gmail.com

ISBN   979-11-958443-0-2 03300

이 도서의 국립중앙도서관 출판예정도서목록(CIP)은 서지정보유통지원시스템 홈페이지(http://seoji.nl.go.kr)와 국가자료공동목록시스템(http://www.nl.go.kr/kolisnet)에서 이용하실 수 있습니다.(CIP제어번호: CIP2016018560)

• 이 책은 저작권법의 보호를 받는 저작물로, 저작권자나 알(R)의 승인 없이는 본문의 일부 또는 전부를 무단으로 복제하거나 다른 매체에 기록할 수 없습니다. • 본문 내 사진은 사례 제공자인 유주연, 김소진, 강지영, 김바다에게 있으며, 일부 입양 후 사진은 입양자에게 있습니다.

• 책값은 뒤표지에 있습니다. 잘못된 책은 바꿔드립니다.

버려진 고양이에게 내밀어진 손길의 기록

이 많은 고양이는 어디에서 왔을까?

유주연·김소진·강지영 | 김바다

버려지고 쫓겨나도
얻어맞고 다쳐도,
그래도 살아간다, 고양이라서.

들어가면서

　2015년을 기점으로, 대한민국은 반려동물 인구 1000만의 시대에 접어들었다. 반려동물 시장은 2조 원대이며, 2020년에는 5조 8천억 원대로 성장할 것이라 예상한다. 가축이 애완동물에서 반려동물로 변해가는 사이, 시장은 엄청나게 커졌다. 하지만 그만큼 그늘도 깊어졌다.

　동물을 보고 즐기는 사람의 수가 늘면서, 미디어는 건강하고 귀여운 동물을 더 많이 비추며 소비를 자극한다. 그에 반응하듯 동물에 대한 수요는 날이 갈수록 높아지고, 더 많은 동물이 소비자의 집으로 옮겨진다. 그리고 그만큼 다시 길로 내보내지기도 한다. 이렇게 길로 내몰린 동물을 '유기동물'이라고 부른다. 유기된 동물의 처지는 안타깝고 서글프며 처참하다. 그들을 그 상황에서 안아 올리는 일을 그래서 '구조'라고 부른다.

반려 고양이 이면의 '보통' 이야기

녹색당이 인용한 2015년 농림축산식품해양수산위원회의 자료[1]에 따르면, 2010년부터 2014년까지 총 372,767마리의 동물이 버려졌다. 사람의 친구인 개는 248,263마리, 요즘 대세인 고양이는 119,701마리가 '반려동물'에서 퇴출당했다. 2015년에는 82,100마리의 동물이 버려졌는데, 고양이의 비율은 25.9퍼센트이며, 그 수는 21,300마리이다.[2]

퇴출되면서 '반려' 대신에 '유기'라는 이름표를 붙인 동물은 어떻게 될까? 길에서 흔히 보는 길고양이, 떠돌이개가 되거나, 보호소 입소 후 안락사나 재입양의 길을 걷는다. 하지만 길생명에게든 보호소 입소 동물에게든 재입양은 쉽지 않은 일이다. 보호소는 동물의 분변으로 고약한 냄새가 나고, 그들의 격렬한 울부짖음과 탄원으로 귀가 찢어질 듯 시끄럽다. 좋은 마음으로 갔다가도 넋이 빠져 어서 나가버리고 싶어지기 십상이다.

길생명은 또 어떤가? 남루한 행색, 확인할 수 없는 건강 상태와 성격. 그야말로 더러운 수수께끼 그 자체다. 혹시라도 손을 내밀었다가 병이나 기생충이라도 옮으면 어쩔 것인가? 데려갔는데 덜컥 아프기라도 하면? 선뜻 손을 내밀 수 없다. 그것이 '보통' 사람들에게 일어나는 '보통'의 반응이다.

---

1 "[카드뉴스] 길고양이에 대처하는 현명한 방법!", 2016.03.17., 녹색당, "http://www.kgreens.org/news/카드뉴스-길고양이에-대처하는-현명한-방법/"

2 "반려동물 등록 100만 마리 시대!!!-2015년도 동물의 등록·유기동물관리 등 동물보호·복지 실태조사 결과 자료-", 농림축산검역본부, "http://www.qia.go.kr/viewwebQiaCom.do?id=39825&type=6_18_1bdsm"

이．많．은．고．양．이．는．어．디．에．서．왔．을．까．

인기가 대단했던 스코티시폴드 종인 해루. 선천적 장애를 안고 태어난 해루를 가정교배업자는 싼값에라도 빨리 처분되지 않으면 안락사시키려 했다.

그럼에도 유기동물이 대중에 노출되는 방향은 긍정적인 쪽으로 바뀌고 있으며, 유기동물이나 그들을 돌보는 것에 대한 인식 역시 개선되고 있다. 그에 따라 유기동물의 재입양 역시 많이 부족하지만 나아지고 있다. 특히 전통적으로 부정적인 인식이 강했던 고양이에 대한 인식 개선은 괄목할 만하다.

이런 의미 있는 변화가 일어난 데에는 동물애호가, 개인 활동가, 동물보호단체의 역할이 매우 컸다. 그들은 엄청난 용기와 행동력, 끈기와 책임감을 가지고 이제까지 행동해왔다. 걷어차고 죽이고 잡아먹어도 아무런 문제가 없었던 존재에 대한 생명권을 찾아주는 과정은 얼마나 힘난하고 고독하며 힘들었을까? 관찰자이자 그들이 노력한 결과를 향유할 뿐인 일반 애호가인 나로서는 그 어려움을 다 알지 못한다. 그저 그들을 극성스럽고 유난하다고 아무렇

활동가들은 자주 목격한다.
보호소에서 죽어가는 어린것과
길 위에서 새끼를 찾아 울부짖는 이미를.

지 않게 평하는 일반 대중이나 미디어를 볼 때면, 그 길이 조용한 목소리와 온건한 행동만으로 걸어올 수 있는 것은 아니었겠구나 미루어 짐작할 따름이다.

활동가에 대해서 쉽게 고개를 젓고 판단을 내려버릴 뿐, 그들이 그렇게 행동하고 요구하는 이유에 대해 생각해보는 사람은 많지 않다. 사람들은 시끄러운 도둑고양이와 극성스러운 활동가는 알지만, 그럴 만한 이유에 대해서는 잘 모른다.

이 책은 그 유난스러움과 극성스러움의 이면에 대한 이야기이다. 읽고 나서도 이해하기 어렵다거나 비합리적이라거나 미쳤다고 생각하는 사람이 있을지도 모르겠다. 하지만 이 책이 공감이나 안타까움을 조금이라도 불러일으킬 수 있다면, 그것으로도 감사하다. 그리고 부디 이 책이 길고양이에게 한 줌의 사료나 한 모금의 맑은 물을 내주는 아량, 책임감 있는 입양, 끝까지 함께 하는 평생 반려에 조금이라도 도움이 되기를 바란다.

 **차례**

들어가면서
반려 고양이 이면의 '보통' 이야기   6

1. 버려진 고양이가 모이는 곳, 보호소
동물보호소의 진짜 모습_15 | 유기동물 보호의 큰 축, 사설보호소_16 | 동물을 위한 봉사, 동물을 위한 보호소_19

2. 버려진 고양이의 마음
엄마와 함께가 아니면 살고 싶지 않았던 준팔이_25 | TV 출연, 논란, 그래도 해피엔딩_29 | 어린 어미의 모성_36 | 이름을 불러주지 못해서 미안해_42

3. 품종 고양이의 슬픔
유리 고양이, 키티_49 | 최소한의 금기마저 무시한 결과, 해루_55 | 해루의 몸값_62 | 품종묘라는 무거운 관_66 | 최면에 걸린 듯_69 | 고마워요, 미안해요_71

4. 길 위의 천덕꾸러기, 코숏
당신을 믿어도 됩니까?_75 | 사나운 고양이에게 필요한 건 시간뿐_78 | 그래도 환하고 따뜻한 곳에서_82 | 입양할 때는 코숏, 버릴 때는 도둑고양이_86 | 시작도 끝도 항상 사람_95

5. 입양 보내는 일이란
잠시의 방심, 영원한 이별_101 | 놓치고 다시 안아 드는 일의 반복_105 | 높고 까다로운 입양의 벽_109 | 끝나지 않은, 끝낼 수 없는 사건_112 | 사랑과 책임은 한 몸_119 | 완벽한 입양처라는 환상_127

6. 장애를 가진 고양이
살고 싶어요!_133 | 장애가 있어도 행복할 수 있어요_139 | 빗속에서 천천히 꺼져가던 보보_142 | 삶을 누릴 권리_146 | 장애, 그 특별한 개성_148

7. 함께 살기 어려운 고양이
처음부터 끝까지 야생 고양이였던 춘장과 단지_155 | 사람이 무서웠던 고양이, 미카_160 | 내킬 때만 친화적인 고양이, 님프_165

8. 반려인의 변화와 파양
함께 외국으로 갈 수 없었던 치이_174 | 사람의 사정_180 | 구조자와 입양자 사이에 낀 하얀 고양이_187

9. 일반 애묘인의 책임
귀여우니까, 데려가줄게_194 | 조금만 일찍 손을 잡아주었다면_197 | 살기 힘들어진 길생명들_202 | 세 활동가들의 이야기_205

10. 고양이를 위한 보호소를 찾아서
동물가 봉사자 모두를 위한 보호소_210 | 활동가 여러분, 괜찮아요?_214 | 느리지만 확실한 변화_217 | 나비야 이리온 매칭 그랜트, 희망이 프로젝트_220 | 까다로운 입양절차 혹은 꼭 필요한 질문들_222

마무리하면서
활동가가 있는 풍경

그 많은
고양이는
어디로 갔을까
?

1. 버려진 고양이가 모이는 곳, 보호소

    2012년 7월, 천안 보호소의 봉사자이자 개인 구조활동가였던 강지영 씨는 한 인터넷 고양이 커뮤니티에 스무 마리 남짓의 고양이 사진과 상태를 담은 글을 올리며 임보[3] 및 입양처를 찾았다. 보호소에 입소해 있는 고양이였다. 펫 숍에서 인기가 많은 러시안블루나 페르시안 같은 품종묘부터 코숏[4]까지, 많은 고양이가 잔뜩 긴장한 채 웅크리고 있었다. 크지 않은 사진이었지만, 고양

---

3   임시보호의 줄임말이다. 구조가 필요하지만 당장 갈 곳이 없는 동물을 임시로 보호하면서 심리적 안정을 찾게 돕는 일을 말한다. 구조과정에서 꼭 필요하지만, 알맞은 입양자가 나타날 때까지 유지되어야 하는 까닭에 장기화될지 모른다는 우려, 피보호 동물의 불확실한 건강 상태, 기존 반려동물의 반응에 대한 걱정 문제로 봉사자를 찾기는 쉽지 않다. 봉사자의 수는 한정적이지만 구조가 필요한 동물의 수는 많은 까닭에 임보처는 늘 부족하다.

4   코리안 쇼트 헤어. 한국 토종 고양이, 한국 재래 고양이 등으로 표기된다. 일반적으로 코숏이라고 줄여 부르며, 편의를 위해서 이하 코숏으로 표기한다.

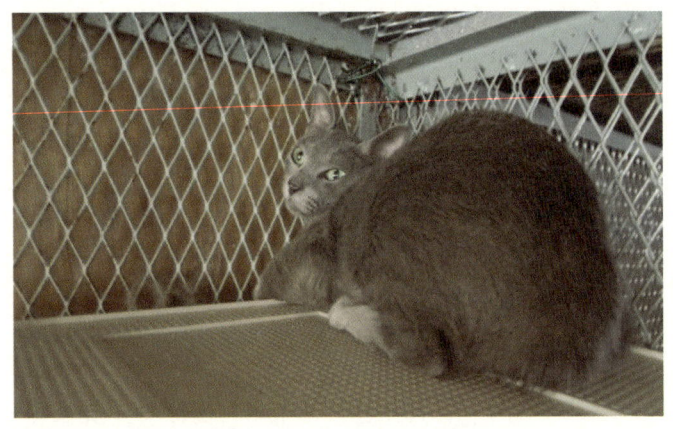

낯선 환경과 사람을 피해 구석으로 숨어들어 웅크리고 있는 루이.

이의 불안이 금세 느껴졌다. 그 많은 고양이 중에 루이가 있었다.

보호소 고양이를 데려와도 될까? 두 살은 될 것 같다는 성묘를 데려와서 감당할 수 있을까? 중성화도 되어 있지 않은데, 마킹을 한답시고 여기저기 오줌을 싸대는 것은 아닐까? 새 집에 왔다고 불안해서 밤새 울부짖어서 주변에 민폐를 끼치지는 않을까? 수많은 질문이 머릿속을 휘저었다. 하지만 "다른 고양이에게 밀려서 밥이나 물을 제대로 먹지 못하고, 소심하게 구석에만 있다."는 이 아이가 10일을 버틸 수 있을지, 그리고 10일을 버틴들, 좋은 사람을 만나 안락사를 피할 수 있을지를 생각해봤을 때, 도저히 긍정의 답을 할 수 없었다. 그래서 덜컥 입양을 결정했다.

내 의사를 확인한 지영 씨는 이를 다른 봉사자에게 알렸다. 직장에 있었던 우리를 대신해 그녀가 루이를 데리고 나왔고, 자신의 차로 고양이들을 이동해 주겠다는 또 다른 봉사자가 다수의 고양이와 함께 루이를 옮겨주었다.

이 . 많 . 은 . 고 . 양 . 이 . 는 . 어 . 디 . 에 . 서 . 왔 . 을 . 까 .

차량 이동 봉사자는 나를 만나 루이를 전달했던 저녁 9시까지 입양처와 임보처로 고양이를 데려다 주느라 밥도 먹지 못한 채 오후 내내 운전을 했다고 했다. 그에게 시원한 커피 한 잔과 빵을 대접했는데, 그 짧은 시간 동안에도 그는 고양이를 받기로 한 사람들에게서 온 전화를 받느라 정신이 없었다. 그렇게 루이는 많은 사람들의 호의에 힘입어 보호소를 벗어나 내게 왔다. 아마 여기에서 의문이 드는 사람도 있을 것이다. 왜 그리 허겁지겁 데리고 나오나? 10일은 뭐고 안락사는 뭔가? 보호소면 동물을 보호해주는 곳 아닌가?

🐈 동물보호소의 진짜 모습

유기동물 보호소. 이름만으로는 영락없이 동물을 '보호'하는 곳이다. 그래서 사람들은 길거리의 안타까운 동물을 보고 신고해 동물보호소로 들여보낸다. 그러나 실제로 보호소를 방문해보면 알게 된다. '보호'를 받는 것은 동물이 아니라 사람이라는 것을 말이다. 한국의 보호소는 대개 유기동물이 들어오면 사진과 함께 공고를 올리고, 법정공고 기간인 10일을 기다린 뒤, 주인을 찾지 못한 동물에 한해 일반 분양이나 안락사를 진행한다.

인간의 손으로 지어졌고, 인간의 논으로 운영되는 보호소는 인간의 민원해결을 위해 존재한다. 그 때문에 보호소는 동물을 보호하기보다는 인간이 제기한 민원을 해결하고, 원인인 동물을 보관 및 격리하는 데 중점을 두고 있다. 따라서 효율적으로 보관하고 격리하기 위해 동물의 습성과는 유리된 뜬장을 이용하기도 하고, 철장 위에 철장을 쌓거나, 작은 철장 안에 많은 수의 개체를 넣기도 한다. 또한 비용과 예산의 문제 때문에 청소나 관리 인원을 필요보다 적게 배치하기도 한다. 많은 수의 개체가 불결하고 좁은 공간에서 지내다 보니, 자연스레 서로 병을 나눠 가진다. 귀 진드기, 피부병, 고양이 감기라 불리는 허피스나 칼리시, 파보나 범백 같은 치명적인 바이러스까지도.

병에 걸리고 나면, 문제는 더욱 심각해진다. 관리나 보관에도 제약을 둬야 할 정도의 예산이 치료에 부여될 리 없기 때문이다. 병에 걸리면, 병을 앓다가 폐사되거나 안락사될 따름이다. 그래서 많은 보호소 봉사자가 입소된 동물이 병에 걸리기 전에 예쁘게 사진을 찍어 홍보하고 입양 보내려 노력하며, 위급한 경우에는 직접 데리고 나와 사비로 치료한 뒤 입양을 보낸다. 그것이 대한민국 '동물보호' 혹은 '유기동물 구조'의 현실[5]이다.

공공 보호소로는 도무지 나아지지 않는 유기동물 구조 상황을 조금이라도 개선해보고자 동물보호 활동가가 하나둘 나서면서 사설 동물보호소가 생기기 시작했다.

🐈 유기동물 보호의 큰 축, 사설보호소

현재 한국에는 각 지방자치단체가 운영하는 공공 동물보호소와 함께 사설

---

5 보호소마다 기다려주는 기간은 다르다. 법은 의무기간인 10일만은 정해놓을 뿐, 그 이후로 안락사를 할지 더 보호할지는 보호소 소장의 재량에 맡기고 있다. 다만 예산은 한정되어 있기에 길게 보호할 수도 없고, 그 관리의 질 역시 양호하기는 어렵다. 그래서 때때로 전염병이 보호소 전체에 퍼져 안락사 아닌 안락사가 일어나기도 한다.

시 보호소 철장 속의 새끼고양이들.

동물보호소가 존재한다. 사설 동물보호소는 동물보호단체나 동호회, 개인 등이 운영하는 동물 구조 및 보호와 입양 시설을 말한다. 사설보호소는 대개 공공보호소가 가지고 있는 10일 후 안락사 부분과 관리 및 치료 부실 부분에 문제의식을 가지고 시작된다. 동물을 사랑하고 생명을 살리고픈 아름다운 마음에서 출발하지만, 운영이 길어지면서 가슴아프게도 문제가 발생한다. 사설보호소는 대부분 안락사를 진행하지 않는데, 그 때문에 입양되지 않는 개체는 계속 보호소에 머물게 된다. 운영이 길어질수록 정체된 동물의 수도 증가하고, 당연히 투입되어야 할 비용과 인력 역시 증가한다. 문제는 돈이다. 일시적인 후원금이나 지원물품이 있는 경우도 있지만, 사설보호소의 전반적인 재원은 개인(보호소 소장 및 후원회원)을 기반으로 한다. 관리 역시 상주인력 없이 자원활동가의 봉사로 진행되는 경우가 많은데, 그 관리가 체계적이기 어렵다. 돈만 있다면, 상주인력도 두고 부지도 확장할 수 있겠지만, 개인과 후원회의 자산은 한정되어 있고, 경기에 따라 후원금의 변동도 심하다. 안정적이지 못한 재원은 활동가와 보호소, 보호동물 모두를 파멸로 이끄는 재앙이 된다.

동물구조, 특히 고양이를 돕는 일은 고운 시선을 받기가 참 어렵다. 고양이에 대한 뿌리 깊은 오해와 선입견, 고양이의 소리나 습성에 대한 혐오감, 주 활동가가 여성이라는 점까지 구조 활동을 어렵게 만든다. 그럼에도 꾸역꾸역 활동을 해나가는 사람들이 있다. 헛짓거리에 미친 짓으로 매도당하기도 하는 고양이 구조를 어쩌면 그렇게도 열심히 헌신적으로 할 수 있는 걸까? 그리고 정말 많은 고양이가 구조되고 입양되는데, 어째서 여전히 구조가 필요하고 입양처가 필요한 아이가 그렇게도 많은 것일까? 왜 이 잔인한 사이클은 끝나지 않는 것일까? 이 질문에 대한 답을 찾기 위해 개인구조를 하는 강지영 씨, 김소진 씨와 사설보호소인 〈사단법인 나비야사랑해(이하 나비야사랑해)〉의 이사장인 유주연 씨를 만났다.

〈나비야사랑해〉는 두 곳의 보호소에서 평균 100여 마리의 고양이를 보호하고 있으며, 2007년 설립된 이후로 300여 마리의 고양이를 구조해 입양 보냈다. 2014년 사단법인을 설립했으나, 그 시작은 유주연 씨의 사설보호소였다.

1993년 미국으로 유학을 떠났던 유주연 씨는 2004년에 귀국했다. 살고 있던 집의 지붕 위에서 만난 고양이 한 쌍을 보고 유학 시절 함께 살았던 고양이 미야가 떠올라 밥을 주기 시작했다. 하지만 이내 길고양이에게 밥만 주는 것

이 . 많 . 은 . 고 . 양 . 이 . 는 . 어 . 디 . 에 . 서 . 왔 . 을 . 까 .

의 문제점을 깨닫게 되었다. 개체수가 기하급수적으로 증가했던 것이다. 처음 길고양이를 돌보는 사람들은 요즘에도 같은 문제를 자주 겪는데, 고양이로 발발되는 지역사회 분쟁의 근본적인 원인이다. 주연 씨는 돌보던 고양이를 포획해 사비로 중성화 수술을 하기 시작했다. 고양이의 성격에 따라 사람 친화적일 경우는 인터넷 고양이 커뮤니티를 통해 입양을 보냈고, 야생성이 있다면 원래 지역에 풀어주었다. 현장에서 임의구조를 하는 개인 구조의 시작이었다.

동일한 지역의 고양이를 돌보던 주연 씨는 시간이 지남에 따라 또 다른 문제를 발견했다. 중성화 후 방사한 고양이들이 사고를 당하거나 흔적도 없이 사라지는 일이 잦다는 점이었다. 자연 방사 자체에 의문을 가지게 된 주연 씨는 결국 작은 오피스텔을 얻어 구조한 고양이를 치료 후 순화해서 입양을 보내는 쪽으로 구조 방식을 바꾸었다. 〈나비야사랑해〉의 시작이었다.

🐈 동물을 위한 봉사, 동물을 위한 보호소

〈나비야사랑해〉에서 가장 눈길을 끈 것은 봉사자 관리 체계였다. 철저한 선발제와 예약제를 기반으로 봉사자 팀을 만들어서 팀 전체가 소통하고 있었다. 보호소는 유기농물 관리에 있어 아주 중요한 시설이다. 동물복지나 동물보호에 관심이 있는 사람들이 처음으로 유기동물을 만날 수 있는 창구이기 때문이다. 그들이 보호소에서 어떤 식으로든 긍정적인 인식을 가진다면, 새로운 봉사자, 후원자, 예비 입양처나 임보처로 발전할 가능성 역시 생기는 것이다.

처음 보호소를 방문한 사람들은 대개 열심히 일하겠다는 의지와 함께 보호소나 구조활동에 대한 나름의 이미지를 가지고 있다. 하지만 막상 보호소에 발을 들이면, 깔끔하지 못한 환경과 지독한 냄새, 사람에 굶주려 달려들거나 사납게 구는 동물, 자기 할 일을 하느라 무뚝뚝한 활동가에 당황한 채 우왕좌왕하게 되는 경우가 많다. 그후에 보호소를 다시 찾는 사람도 있지만, 그 경험만 가지고 떠나서 돌아오지 않는 경우도 있다. 나 역시 그런 경험이 있다.

제법 큰 동물 보호단체의 보호소를 방문했을 때였다. 방문 날짜와 시간, 활동할 분야까지 사전에 예약하고 약속 시간보다 조금 일찍 찾아갔지만, 할 일을 배정해주지도 않았고, 활동 방법 교육도 없었다. 예약이 무색했다. "자원봉사 하러 왔는데요?"라고 했지만, 힐끗 보고는 자기 할 일로 돌아갔다. 답답한 마음에 강아지 산책 봉사를 예약했다고 상기시키니, 날이 덥기도 하고, 이미 산책을 하고 와서 필요가 없다고 했다. 무성의한 태도에 화가 났지만, 두 시간이나 걸려서 도착하고는 그냥 돌아서고 싶지는 않았다. 그래서 다른 일이라도 하겠으니 할 일을 알려 달라고 했다. 그러자 "할 일 없는데……." 라며 그만 가줬으면 좋겠다는 듯 곤란한 표정을 지었다. '봉사'라는 단어를 싫어했지만, 그래도 속으로는 뭔가 해준다는 우쭐한 마음이 내게도 있었다. 애써 찾아갔는데 천덕꾸러기 취급을 당하니, 표정을 관리하기가 쉽지 않았다. 그래도 뭔가 하겠다고 버티니 고양이 방에 데려다 주었다.

고양이 화장실을 청소하고, 빗질을 한 뒤 장난감으로 같이 놀면서도 괘씸한 마음이 가시지 않았다. 내근 중인 활동가인지 봉사자인지 알 수 없는 그 사람의 태만한 일정 관리도 짜증스러웠고, 회원가입까지 해서 날짜와 시간을 예약했는데도 하고 싶었던 강아지 산책을 할 수 없었던 것도 불쾌했다. 일부러 강

이 . 많 . 은 . 고 . 양 . 이 . 는 . 어 . 디 . 에 . 서 . 왔 . 을 . 까

2007년 〈나비야사랑해〉 보호소의 첫 입소 고양이였던 황토. 가족을 만나지 못한 채 보호소의 맏형으로 있다 2014년에 세상을 떠났다.

아지 산책 봉사를 할 수 있는 곳을 골라서 간 것이었는데 말이다. 속으로 이 보호소는 엑스표를 치고, 다른 보호소를 찾기로 했다. 하지만 이런 문제는 그 보호소만의 것이 아니었다.

다른 보호소로 봉사를 갔을 때였다. 이번에는 사람도 제법 모아서 단체로 움직였는데, 늘 손이 부족하다는 보호소는 10명도 넘는 사람을 제대로 활용하지 못했다. 뭘 해야 할지 몰라 서성거리던 사람 중 일부는 일을 기다리다가 그냥 가버렸다. 멀뚱거리는 우리를 두고 혼자 열심히 일하는 사람에게 가서 뭘 해야 하냐고 물었더니, 자기도 봉사자라며 일단 소장이 올 때까지 기다리라고 했다. 땡볕에서 30분을 기다린 끝에 보호소 소장이 왔고, 먼저 다가가서 일하고 싶다고 의사를 밝힌 사람만 일을 부여받았다. 적극적이지 못한 사람들은 여전히 병풍이었다.

　이런 현상은 다른 보호소를 찾았을 때도 마찬가지였다. 봉사를 하고 싶다면, 동물을 돕고 싶다면, 사람에게 먼저 다가가야 했고, 더 적극적으로 움직여야 했다. 결국 '내가 동물을 보고 싶어서, 내가 동물에게 곁을 내주고 싶어서 간 것이었으니, 내가 움직이자.'라고 마음을 바꾸어 먹었다. 그래서 일부러 오래 일한 듯 보이는 봉사자에게 다가가 먼저 말을 걸고 대화를 하면서 일거리를 받으려고 애를 썼다.[6] 하지만 매번 없는 친화력을 짜낼 수는 없는 노릇이고, 아차 하면 병풍이 되어 버리는 것도 고역이었다. 마침 회사 일도 바빠지고 개인적인 일도 겹쳐 핑계가 생기자, 보호소 봉사를 그만두었다. 그리고 봉사를 다니면서 시작했던 정기후원 역시 중단해버렸다.

　이는 보호소가 가지고 있는 큰 문제점이다. 관심과 도움을 주고 싶어 찾아간 인적 자원을 제대로 관리하고 일을 부여할 체계가 없다. 물론 가끔 왔다가 가버리는 봉사자가 많고, 일을 가리는 봉사자도 있다. 관리해야 할 동물의 수는 많고, 숙련자는 적기 때문에 체계를 만들고 봉사자 교육을 할 시간이 없을 수 있다는 점은 이해한다. 그러나 봉사자와 관계가 형성되지 못하면, 정기봉사자나 숙련봉사자가 생길 수 없고, 또 새로운 사람이 투입되지 못하니 새로운 임보처나 입양처가 생기기도 어렵다. 선순환할 수 있는 사이클이 끊기는

---

[6] 아무리 적극적이고 싶다 해도, 관리자 없이 동물에게 다가가는 것은 위험하다. 개체마다 성격도 다르고, 질병 여부도 알 수 없기 때문이다. 철장 안에서는 순하고 친화력 있어 보이는 동물도 부주의한 접근에 공격성을 보일 수 있다. 또한 봉사자가 전염병을 옮길 위험이 있으므로, 관리자의 허락 없이 함부로 접근해서는 안 된다.

것이다. 최근에는 봉사활동을 시작할 때를 정하고, 시작 전에 교육시간을 가져 활동법과 주의사항을 전달한 뒤, 경험자와 초보자를 한 쌍으로 묶어서 활동하게 하는 곳도 있다고 한다. 지역 캣맘과 캣대디[7]의 모임인 〈용인시캣맘협의회〉는 매달 날을 특정해서 신규봉사자 교육을 실시하는 식으로 찾아온 봉사자가 제대로 일할 수 있도록 돕는다고 한다.

유기동물 구조를 하는 데는 새로운 인력이 항상 필요하다. 끊임없이 공급되는 유기동물을 입양 보낼 새로운 가족이 필요하고, 지친 봉사자나 활동가, 후원자를 대신해줄 사람이 필요하기 때문이다. 구조의 완성은 새로운 가족을 찾아주는 것이라고들 한다. 그렇기에 유기동물 구조활동은 새로운 일반 봉사자의 도움 없이는 유지되기 어렵다.

그러나 새롭게 보호소와 구조활동에 진입하는 사람들은 기존 활동가와 봉사자들을 이해하기 어렵다. 저간의 사정을 알기 어렵고, 신경질적으로 보이기도 하는 그들의 예민함과 섬세함, 집요함을 이해하기도 쉽지 않다. 그래서 유기동물, 특히 고양이와 보호소, 입양처 사이에는 다양한 사연과 감정, 오해와 거짓말, 이해, 배려, 상처가 떠돌게 된다. 앞으로 길과 보호소, 입양처 사이에 흩어져 있는 이 수많은 사연과 감정들의 조각 중 몇 가지를 소개하려고 한다.

---

7 길고양이를 돌보는 사람을 말한다. 여자는 캣맘, 남자는 캣대디라고 한다. 사비로 길고양이의 사료 및 식수를 챙기며, 필요할 경우 영양제를 급여하거나 병원에 데려가기도 한다. 고양이보호단체에서는 TNR도 함께 하도록 권고하지만, 사비로 중성화 수술을 하는 데 드는 경제적 부담, 포획의 어려움, 개인의 가치관 문제 등으로 시행하지 않는 사람도 있다.

2. 버려진 고양이의 마음

동물에게 마음이 있을까? 과학자들은 동물이 사람처럼 섬세한 마음을 가질 만큼 진화하지 못했다고 말한다. 그리고 동물에게 마음이 있다고 생각하는 것은 과도한 의인화라고 잘라 말하기도 한다. 하지만 그것이야말로 '과도한' 인간중심 사고가 아닐까. 다양한 동물을 지근에서 관찰하고 경험할 수 있었던 전문가 30명의 경험담을 모은 《인간의 위대한 스승들》[8]이라는 책을 보면, 침팬지나 거북, 열대어, 돌고래, 오징어 같은 다양한 동물에서 훨씬 더 섬세하고 '인간스러운' 감정이 드러나는 장면을 포착할 수 있다.

우리가 사람만이 마음을 가지고 있다고 믿는 것은 우리 주변에 오로지 사람만이 가득한 탓인지도 모르겠다. 고양이를 가까이서 긴 시간 봐온 활동가들은

---

8 제인 구달 외 지음, 채수문 옮김, 2009.08.17, 바이북스

때때로 고양이에게서 섬세하고 '인간적인' 감정을 발견하게 된다고 한다.

🐈 엄마와 함께가 아니면 살고 싶지 않았던 준팔이

준팔이의 이야기를 전해준 것은 "행복한야옹씨"라는 이름으로 통하는 김소진 씨였다. '동사행'의 공동 운영자이자, '행복한야옹씨의 묘(猫)한 이야기'라는 블로그를 통해서 개인구조도 하고 있는 활동가이면서, 출장도 잦은 평범한 직장인인 그녀는 사람들이 동물의 마음에 대해서 조금만 더 생각해줬으면 좋겠다고 했다.

2014년 8월, 역삼동의 동물병원 앞에서 메모 한 장과 고양이 한 마리가 들

발견 초기의 준팔이. 눈동자에 호기심과 약간의 불안이 어려 있다.

어가 있는 이동장이 발견되었다. 메모를 쓴 사람은 '준팔이'라는 이름과 잘 먹는 사료, 태어난 해와 달, 성격 등을 알려주며 안녕을 부탁했다. 유기였다. 병원 사람들은 일단 준팔이를 병원으로 들였다. 사람을 좋아하고 낯가림이 없으며 순하다는 전 반려인의 설명대로 준팔이는 좁은 병원 철장 안에서도 잘 지냈다. 밥도 잘 먹었고 화장실도 잘 가렸다. 병원기록을 찾아보니 4년 전 결석으로 내원했던 적이 있기는 하지만, 그 외에는 따로 건강 문제도 없었다. 기록에 남은 번호로 연락을 했지만, 당연히 받는 사람은 없었다.

  병원에서는 자주 내원하는 소진 씨가 구조도 하고 입양도 보낸다는 걸 알고 있었기에, 그녀에게 연락해 도움을 청했다. 슬프지만 특이한 것 없고, 화가 나지만 새로울 것도 없는 유기 소식을 듣고, 소진 씨는 직접 입양공고를 써서 올

> 준팔이 남아 2007년 5월생
> 중성화완료 사료는 로얄캐닌
> 유리나리 50만 먹여요
> 성격온순하여 차분
> 사람을 잘따름
>
> 좋은곳으로 입양부탁 드려요

준팔이의 전 반려인이 남긴 메모. 이렇게 잘 알고 있는 사람이 어떻게 손 놓을 생각을 했을까? 준팔이는 새 반려인을 만날 때까지 죽음 만큼이나 힘든 여정을 겪어야 했다.

이 . 많 . 은 . 고 . 양 . 이 . 는 . 어 . 디 . 에 . 서 . 왔 . 을 . 까 .

렸고, 순조롭게 입양처를 찾아서 준팔이를 보냈다. 이대로였다면 유기 고양이의 평범한 재입양 사례로만 남았을 준팔이. 하지만 새 집에 간 지 사흘 만에 입양자에게서 연락이 왔다. 사흘이 지나도록 준팔이가 아무것도 먹지 않는다는 것이었다. 물도, 밥도, 아무것도. 그 상태가 계속되면 준팔이의 미래는 자명했다. 죽음이었다. 어쩌면 좋겠냐는 입양자에게 소진 씨는 준팔이를 다시 병원으로 데리고 와 달라고 부탁했다. 갑작스러운 환경 변화로 스트레스를 받으면 때때로 음식을 거부하는 사례가 있었다. 혹시 준팔이도 그런 경우일지 모른다고 생각했지만, 준팔이는 병원으로 돌아와서도 일체의 음식과 물을 거부했다.

어쩌면 준팔이는 새 집에 가기 전까지는 엄마가 자기를 병원에 맡겨둔 거라고 생각했을지도 모른다. 완전히 낯선 집에 들어가고서야 버려졌다는 것을, 엄마를 다시 만날 수 없다는 것을 알았을지도. 고양이는 보통 36시간 이상 공복이 지속되면 간손상이 일어나기 시작한다. 준팔이 역시 이미 지방간이 일부 진행되어 있었다. 눈앞에서 준팔이가 음식을 거부해서 간손상으로 죽어가는 것을 볼 수는 없었다. 그래서 준팔이의 목에 관을 뚫어 음식과 물을 강제급여 하면서 진행된 지방간을 치료하기로 했다.

목을 뚫어 강제로 급여를 한다고? 준팔이의 이야기를 보면서 처음으로 덜컥 마음이 멈췄다. 그리고 한동안 준팔이 이야기를 이어서 읽어나갈 수 없었다. 이렇게까지 해야 하는 걸까? 오히려 이런 것이 준팔이를 괴롭히는 것은 아닐까? 떠나고 싶어 하는 준팔이의 마음을 이해하고 받아줘야 하는 것은 아닐까? 많은 생각이 오갔다. 사람의 집에서 자란 것도, 동물병원 앞에 버려진 것도, 새로운 사람을 만난 것도, 음식을 억지로 먹어야 하는 것도 모두 준팔이의

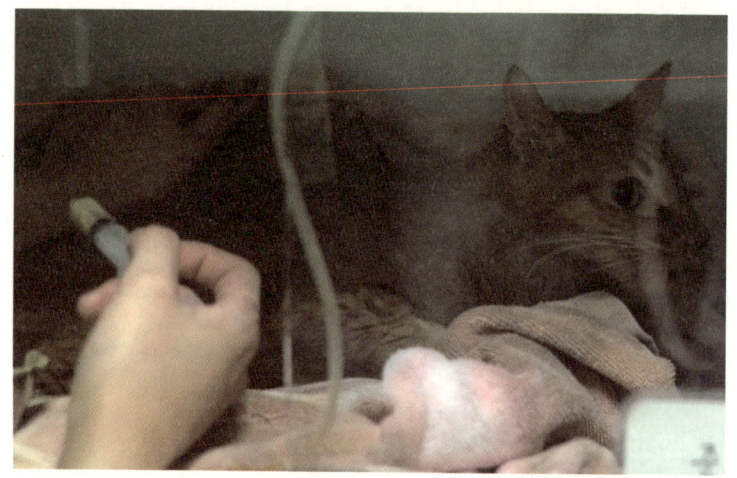

강제급여 중인 준팔이. 확장된 눈과 빠갛게 달아오른 귀에서 고통을 엿볼 수 있다.

의사와는 무관했다. 음식을 먹고 싶지 않다는 것, 그 하나만이 준팔이의 의지였다. 그런데 무시하고 강요해도 괜찮은 걸까?

아마도 비슷한 의문을 가지는 사람이 있을 것이다. 어쩌면 구조한 활동가들 역시 같은 의문을 가졌을지도 모르겠다. 하지만 내 의문에 대한 답은 의외로 간단했다. 식음을 전폐한 사람을 어떻게든 살리려고 애쓰듯, 동물에게도 같은 마음으로 다가가는 것. 그것이 전부였다.

그런 정성과 마음에도 준팔이의 상태는 나아지지 않았다. 그렇다면 좀 더 큰 병원으로 옮겨 다른 치료법을 찾아보는 수밖에 없었다. 2차 병원으로 유명한 〈이리온 동물의료원 청담점〉으로 이동한 날, 준팔이는 바로 입원치료에 들어갔다. 그리고 얼마 후, 〈나비야사랑해〉와 〈이리온 동물의료원 청담점〉이 함께 진행하는 '나비야 이리온 희망이 프로젝트'의 열세 번째 희망이로 등록

이 . 많 . 은 . 고 . 양 . 이 . 는 . 어 . 디 . 에 . 서 . 왔 . 을 . 까

되어, 후원을 받을 수 있게 되었다.

사람들은 여러 방면으로 노력했지만, 준팔이는 호전되지 않았다. 8킬로그램 정도였던 준팔이의 몸은 점점 작아져갔다. 그동안에도 내내 자의로는 거의 밥을 먹지 않았고, 강제급여를 해도 진저리치며 괴로워하기 일쑤였다. 부족한 영양은 수액으로 조금이나마 보충했고, 극심한 빈혈은 소진 씨의 반려묘인 해루가 공혈묘로 나서 수혈을 해준 덕분에 조금 나아졌다. 하지만 잦았던 수액 처방 덕분인지 뒷다리에는 혈관염이라는 새로운 병까지 생겼다.

병원에서 이렇게 많은 처치를 하고 최고의 의료서비스를 제공해도, 7년을 키우다 유기한 그 사람이 만들어놓은 통통하고 예뻤던 노란태비 준팔이를 되찾을 수는 없었다.

소진 씨는 사실 준팔이 케이스가 이렇게 긴 마라톤이 될 것이라고는 생각지 못했다. 한동안 밥을 거부하다 먹겠거니, 상황을 받아들이겠거니 했다. 하지만 뼈에 거죽만 씌워둔 듯, 앙상하고 눈만 퀭한 준팔이를 보면서 모두들 뭔가 다른 접근법이 필요하다고 생각했다. 그리고 깨달았다. 준팔이에게 필요한 것은 의료진이 아니라 엄마였다. 준팔이에게는 좀 더 많은 관심이 필요했다.

🐈 TV 출연, 논란, 그래도 해피엔딩

그런 고민을 하고 있을 때쯤, SBS의 〈TV 동물농장〉에서 준팔이 촬영을 하고 싶다는 연락이 왔다. 블로그와 카페를 통해 준팔이 사연을 보고, 누군가 제보를 한 모양이었다. 고려해야 할 것도 많았고, 잡음이 생길 수 있겠다는 생각

오랜 음식 거부로 부드럽던 털은 스펀지처럼 푸석해졌고, 말랑거리던 뱃살도 거죽만 남기고 사라졌다.

도 했지만, 고양이도 트라우마와 우울증 같은 심리적 질환을 앓을 수 있음을 알릴 좋은 기회라고 생각했다. 반려동물의 심리질환에 대한 사례 보고가 다수 있었고, 활동가들은 자주 경험하는 일이었지만, 일반에게는 익숙지 않은 주제였다. 소진 씨는 동물도 사람과 별반 다르지 않다는 것을 알리고 싶었다.

숙고 끝에, 방송 촬영이 시작되었다. 하지만 준팔이에게 촬영은 너무 힘든 일이었던 모양이다. 방송이 힘에 부치는 것인지, 긴 병원생활과 끝없는 치료와 진료에 진력이 났던 것인지, 아니면 다른 이유가 있었는지는 알 수 없다. 준팔이는 이제까지와 달리 의료진은 물론이고 소진 씨에게까지 손톱을 세우고 새된 소리를 내며 공격성을 보였다. 동시에 몸의 상태도 나빠졌다. 아이의 상황은 나빠져갔지만, 활동가나 의료진은 더 이상 해줄 것이 없어 속이 타들어가고 있었다.

그때, 제작진에서 입양처를 찾아보면 어떻겠냐는 의견을 전해왔다. 준팔이처럼 까다로운 상태인 고양이를 입양하겠다고 할 사람이 있을까, 또 혹시 입양이 준팔이에게 스트레스가 되는 것은 아닐까 걱정하면서도, 소진 씨는 준팔이에게 이상적일 입양처의 조건을 떠올렸다.

첫째, 준팔이가 마음을 열고 음식을 먹을 때까지 강제급여가 가능할 것.

당시만 해도 하루에도 대여섯번 강제로 음식을 먹이기 위해 씨름을 해야 했는데, 고양이의 미움을 자초할 뿐 아니라, 발톱에 긁히는 일도 잦았다. 강제급여는 물리적으로도 어렵지만 심리적으로도 마음을 다잡고 진행해야 하기에 가능하면 경험이 있는 사람이었으면 했다.

둘째, 고양이가 많은 가정이 아닐 것.

준팔이는 사람에 대한 거부감은 없었지만 다른 고양이에는 관심이 없다 못해 질투를 했다. 싸움이 날 수도 있고, 각 고양이가 스트레스를 받을 수도 있는 문제라 이 부분을 신중하게 고려했다. 준팔이에게 엄마가 필요하다는 걸 알면서도 소진 씨가 진즉에 나서지 못했던 이유가 이것이었다.

셋째, 시간 여유가 많고 집에 머무는 시간이 많을 것.

장기적으로 준팔이는 스스로 먹어야 했다. 그러려면 아주 오랜 시간을 들여 관심을 가지고, 스킨십과 대화를 나눠줄 필요가 있었다. 그러려면 당연히 시간 여유와 집에 머무는 시간을 고려해야 했다.

넷째, 남자보다는 여자를 우선할 것.

전 반려인이 여자였던 탓인지, 준팔이는 여자, 그중에서도 키가 조금 큰 편인 여자를 더 좋아했고 편하게 대했다. 가능하면 그 점도 고려되었으면 했다.

다섯째, 서울이나 서울 근교 거주자일 것.

준팔이는 '나비야 이리온 희망이 프로젝트'의 열세 번째 희망이였다. 그 덕분에 서울의 〈이리온 동물의료원 청담점〉에서 치료를 지원해주고 있었다. 그러니 내원을 하려면 가급적 근처에 사는 사람을 우선할 수밖에 없었다.

마지막으로, 절대로 빼놓을 수 없는 조건. 파양이나 유기를 절대하지 않을 사람이어야 했다. 그런 조건을 고려해 준팔이의 가족을 찾았다.

2014년 11월 2일, 준팔이의 이야기가 방송을 탔다. 예상했던 대로, 그리고 걱정했던 대로 사람들의 뜨거운 관심과 격렬한 반응이 돌아왔다. 고양이 커뮤니티는 물론이고 소진 씨의 블로그도 준팔이의 이야기로 떠들썩했다. 방송 내용이 진짜인지, 정말로 준팔이가 그동안 한 입도 자의로는 안 먹었는지에 대한 의문도 많았다. 또 가수이자 뮤지컬 배우인 배다해 씨가 준팔이의 입양자로 거론된 것에 대한 우려도 많았다. 어떤 사람들은 준팔이가 '연예인'의 이미지메이킹 도구가 될까 걱정했고, 준팔이의 입양이 진행되지 않았다는 것을 알고 나서는 그럴 줄 알았다며 배다해 씨를 몰아세우기도 했다.

하지만 배다해 씨가 준팔이의 평생 반려인으로 결정된 것은 연예인이기 때문이 아니었다. 그리고 사람들이 날을 세웠던 입양 진행 문제 역시 배다해 씨 때문이 아니었다.

촬영이 한창이던 10월 중순, 준팔이는 여전히 강제급여와 치료가 필요했고, 하루 동안에도 좋았다 나빠지기를 반복했다. 상태가 너무 안 좋다 보니 배다

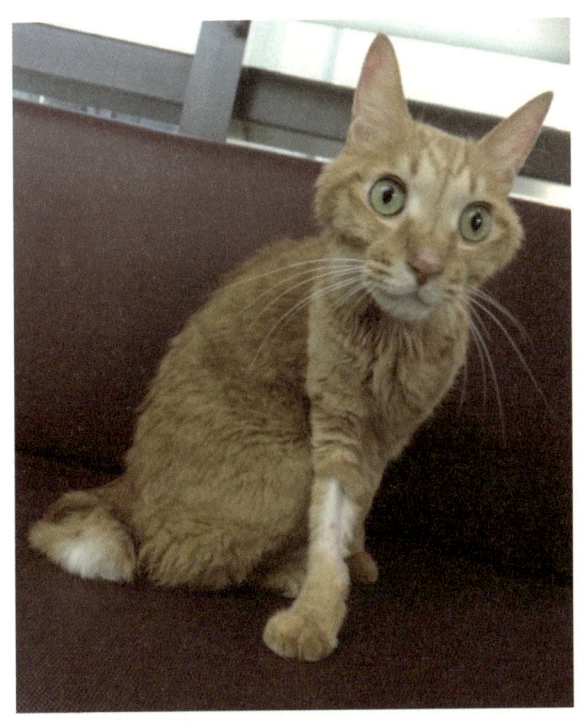

혈관염이 생긴 앞다리와 퀭한 눈, 살이라고는 남아 있지 않은 얼굴과 몸이 준팔이의 심각했던 상태를 알려준다.

해 씨가 아니라 그 누구에게도 입양 보낼 수 없었다. 병원을 떠나는 것 자체가 위험할 수 있었다. 입양은 잠정 연기되었고, 준팔이의 입원은 계속되었다 그 동안 배다해 씨는 꾸준히 준팔이의 소식을 묻고, 문병을 오는 등 관계를 이어 나갔다. 그리고 드디어 준팔이가 병원 문을 나서도 될 만큼 체력이 오르는 날이 왔다. 방송이 나간 후인, 2014년 11월 7일에 준팔이는 병원을 떠나 배다해 씨의 집으로 옮겨갔다.

그후로도 한동안 의심 섞인 게시물을 올리거나 집요하게 캐묻는 사람들이 있었다. 그 질문과 의심글은 댓글과 공유로 확대재생산 되었다. 글을 쓴 사람에게는 한두 개의 게시글이겠지만, 글을 받고 답해야 하는 소진 씨에게는 폭탄처럼 느껴졌다. 결국 소진 씨는 블로그와 카페에 상황 설명과 함께 자제를 부탁하는 글을 올렸다.

> 준팔이는 이제 배다해 씨라는 새 가족을 만났고, 새 가족과 다시 새로운 이야기를 만들어가야 합니다. 지나친 호기심은 준팔이도 다해 씨도 버거울 겁니다.
> 한 마리의 고양이와 한 사람이 가족이 되어서 새 출발하는 오늘을 축복해주시고, 지금 이 시간에도 가족을 만나지 못해 보호소에서 살고 있는 다른 아이들에게 그 관심을 돌려주십사 부탁드립니다.
> 마지막으로, 쉽지 않은 준팔이를 선뜻 마음으로 맞아주신 다해 씨에게 감사의 인사를 전하며 내내 행복하길 바랍니다.

글을 올리고 얼마 되지 않아 배다해 씨에게서 연락이 왔다. 입양 첫 날인데도 준팔이가 스스로 밥도 잘 먹고 잘 안겨 있다고 했다. 모두의 걱정을 뒤로 하고, 준팔이는 무사히 잘 적응했다. 준팔이가 새 집에 안착할 수 있었던 것은, 어쩌면 배다해 씨가 유기동물에 대한 이해가 있었기 때문일지도 모른다. 그녀는 과거 동물단체를 통해 유기견을 입양해 가족으로 맞았던 경험이 있었다. 그리고 10년이 넘도록 꾸준히 자신의 목소리를 내어온 동물보호운동가였으며, 동물보호소에 다니며 유기동물을 접해온 봉사자이기도 했다. 그러니 그녀

이 . 많 . 은 . 고 . 양 . 이 . 는 . 어 . 디 . 에 . 서 . 왔 . 을 . 까 .

활동가, 의료진, TV 프로그램, 새 반려인까지 모두가 바랐던 것은 준팔이가 처음의 그 온순하고 차분하며 사람을 좋아하는 통통한 고양이로 돌아가는 것이었다.

에게 준팔이는 손이 아주 많이 가는 번거로운 아이나 별스럽고 이상한 아이가 아닌, 마음이 아파서 조금 기다려주면 되는 아이였을 것이다.

   그런 이해와 사랑 덕분이었을까? 그해 12월, 같은 프로그램에서 전해준 입양 후 이야기 속 준팔이는 언제 그런 아픔이 있었냐는 듯 다른 친구와 어울리고 스스로 밥을 먹는 평범한 고양이가 되어 있었다. 그 이후로도 배다해 씨는 자신의 개인 페이스북에 때때로 준팔이의 근황을 선해주고 있다.

   준팔이처럼 심리적 트라우마를 앓는 고양이는 전혀 특이한 케이스가 아니다. 그보다 준팔이처럼 많은 관심을 받고 행복하게 끝나는 이야기가 아주 특별한 경우이다.

🐈 어린 어미의 모성

동물병원에 키우던 고양이나 개를 유기하는 것은 안타깝지만 그리 드문 일이 아니다. 미용이나 치료를 해달라고 맡기고는 전화를 받지 않기도 하고, 인적이 드문 새벽이나 야밤에 몰래 와서 이동장째 두고 가기도 한다. 동물병원은 어지간한 동네에는 하나씩 있어 접근성이 좋고, 동물을 살펴주는 곳이니 험하게 대하지는 않을 것이라 생각하고 내리는 결정일 것이다. 그들의 기대야 어떻든, 어떤 병원은 보호를 하며 입양자를 찾아주지만 어떤 병원은 일정 기간 보호 후 안락사시키거나 보호소로 보낸다. 그리고 보호소는 일정 시간이 지나면 죽어야 하는 공간일 뿐이다. 동물도 그것을 이내 알아챈다. 그 깨달음에 따라 서서히 동물의 행동은 변화하는데, 그 양상은 보호소에 몇 번만 가보면 알 수 있다.

보호소에 입소한 동물, 그중에서도 고양이가 가장 먼저 보이는 반응은 당황과 혼란이다. 길에서 살았든 집에서 살았든, 보호소 환경은 매우 다르다. 많은 개체가 모여 있고, 다양한 개체의 분변 냄새가 섞여 있다. 고양이는 각자의 영역을 가지고 있고, 그 영역이 침범당할 경우 스트레스를 받으며 공격성을 보인다. 익숙한 공간에서 납치되어 낯선 존재와 불쾌한 냄새, 불결한 환경, 익숙지 않은 식사가 강제되는 상황을 상상해본다면, 아마 조금이나마 고양이의 마음과 스트레스를 이해할 수 있지 않을까 싶다.

당혹감 이후에 보이는 반응은 공포와 분노다. 위협적인 상황에 놓이면, 고양이는 본능적으로 도망치려 한다. 하지만 도망가기 여의치 않다면 최대한 구

이 . 많 . 은 . 고 . 양 . 이 . 는 . 어 . 디 . 에 . 서 . 왔 . 을 . 까

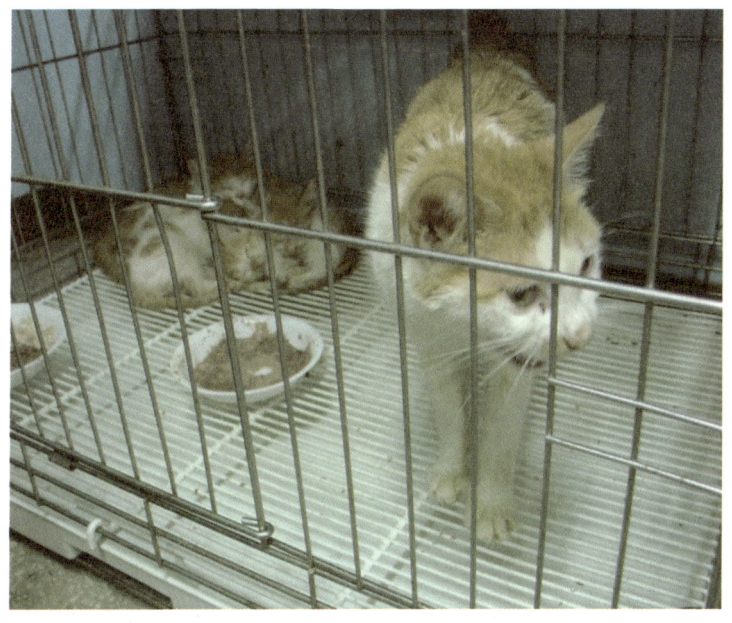

보호소 철장 안의 고양이 한 가족. 어미는 사람 발소리에 철장 문까지 다가와 울부짖었다.

석으로 숨어 몸을 웅크려 방어하면서 주변을 살피거나 사나운 소리를 내며 앞발을 휘두르고 위협할 수도 있다. 사람들은 이런 고양이를 사납고 공격적이라고 말하지만, 사실 이런 행동은 공격이라기보다 겁에 질려 방어하는 것에 가깝다. 이때 일시적으로 음식을 거부하기도 한다.

한동안 공포에 질려 공격성을 보이던 고양이는 어느 순간 환경에 순응하거나 포기한다. 구조자나 자원봉사자가 뻗는 손길을 받아들이고 친화적으로 바뀌면, 그나마 입양 가능성을 얻을 수도 있다. 하지만 포기한 고양이는 눈에 띄게 운동량과 식사량이 줄고, 빠르게 병을 얻어 죽는다. 보호소의 고양이가 갈 수 있는 곳은 사람의 집과 하늘의 집, 두 곳뿐이다. 이렇듯 생과 사의 굴레가 정신없이 굴러가는 보호소에서 소진 씨는 눈물 나는 고양이 가족을 만났다. 이미 집에 너무 많은 고양이가 있어, 더 이상의 임보나 입양은 안 된다고 다짐하던 때였다.

 햇살도 바람도 들지 않는 곳, 좁은 철장 안에 우르르 밀려 넣어져 아파도 약 한 번 제대로 받지 못하는 곳, 그곳에 새끼를 낳아 젖을 먹이는 어미가 있었다. 고양이도 얼굴을 보면 나이를 알 수 있다. 그 어미는 얼굴에 아직 어린 티가 남아 있었다. 등뼈가 툭 불거질 정도로 말랐으면서도 죽음을 목전에 둔 채 제 자식을 돌보고 젖을 먹이는 어린 어미를 소진 씨는 차마 외면할 수 없었다. 이번

보호소에서 구조된 후의 어미 고양이와 새끼고양이. 고된 와중에도 눈빛에서 경계심을 읽을 수 있다.

이 . 많 . 은 . 고 . 양 . 이 . 는 . 어 . 디 . 에 . 서 . 왔 . 을 . 까

까지만이라고 몇 번째인지 모를 헛된 마침표를 찍으며 그 가족이 든 이동장을 들고 나오는 바로 그 옆 철장 안에서 또 다른 어미가 새끼를 돌보고 있었다. 곧 안락사를 당할 어미와 어미가 죽으면 자연사로 위장된 방치사를 당할 어린것들. 발걸음은 그 자리에서 또 붙잡히고 말았다. 어떻게 하면 좋을까?

아무리 답을 구해도 결코 정답은 나오지 않는 질문이 있다. 그날 소진 씨가 마주한 질문도 그런 것이었다. 살려달라고 아우성치는 생명으로 가득한 보호소의 철장을 앞에 두고, 어느 생명부터 꺼내 와야 할지 묻고 또 물어도 끝끝내 옳은 답은 찾을 수 없었다. 그래서 소진 씨는 보호소에 갈 때마다 정신이 무너져 내리는 듯하다고 했다. 하지만 그곳의 모든 생명을 다 꺼내올 수는 없다. 그래서 구조자의 선택이 그곳에 있는 생명의 운명을 결정짓는다. 원하든 원하지 않든 머릿속으로 입양이 잘 될 아이와 그렇지 않은 아이가 자연스럽게 갈린다. 어느 쪽을 선택하는가와는 별개로 경험이 도출해내는 집합이다.

소진 씨의 눈앞에서 성격이 좋기로 유명한, 그러나 입양이 그다지 잘 되지는 않는 코숏 노랭이들이 옹기종기 모여서 체온을 나누고 있었다. 입양을 못 가고 집에 머물러 있는 고양이들이 떠올랐다. 더는 안 된다고 고개를 저으며 나오려는데, 갑자기 어미 고양이가 벌떡 일어나서 울음을 토했다. "야옹!" 하는 그 소리가 "우리도 데려가 주세요!"처럼 들렸다고 했다. 소신 씨는 결국 그 고양이 가족까지 안아 들었다.

먼저 데리고 나왔던 어미에게는 써니라는 이름을 붙여주었고, 그 새끼 세 마리는 별이·달이·구름이라는 이름을 지어주었다. 보호소를 나오고 얼마 지나지 않아, 별이와 구름이는 세상을 떠났다. 어미고양이였던 써니는 얼마 후 사람 가족을 만나서 새콤이라는 새 이름까지 받아 잘 살고 있으며, 달이는 여전히 소진 씨 집에서 살고 있다.

두 번째로 데리고 나왔던 가족 중 어미는 롱롱이, 그 새끼는 아롱이·다롱이·대롱이·메롱이라고 이름 지었다. 얼마 전, 다롱이는 비대성 심근증(HCM)으로 3년 여를 투병하다가 세상을 떠났고, 나머지 롱롱 가족은 소진 씨 집에서 살고 있다. 모성이 지극했던 어미 롱롱이는 그후로도 소진 씨 집에 오는 어린것들을 품어주었다.

소진 씨 집에는 아주 어린 고양이들이 자주 온다. 먹이를 구하러 갔던 어미가 돌아오지 못해서, 우연히 사람에게 발견돼서, 귀엽다고 사람이 데리고 갔다가 내놓아서 저희들끼리만 남게 된 이들이다. 품이 많이 드는 새끼를 구조해오는 것은 현재의 보호소 시스템에서는 사람이 분유를 타서 시간마다 먹여야 하는 젖먹이나 면역력이 매우 낮은 새끼가 살아남을 수 없기 때문이다. "자연사"라고 기재된다고 하더라도, 방치사나 아사에 가깝다고 소진 씨는 생각한다. 그런 어린것들이 오면, 어른 고양이들은 관심을 보이고 보살핀다. 젖을 물리고 항문을 핥아서 배변을 도와준다. 제 새끼가 아니지만 머리부터 꼬리까지 싹싹 핥아서 말끔히 씻기고, 제 꼬리를 노리개 삼으라고 내준다. 아무것도 모르는 어린것에게 다치지 않게 장난하는 법부터 화장실 모래 덮는 법[9]까지 차근차근 가르친다.

---

9 흔히 고양이가 화장실 모래를 덮는 법을 태어나면서부터 안다고 생각한다. 하지만 모래 사용법을 전혀 몰라 사람이 가르쳐줘야 하는 고양이들이 곧잘 있다. 고양이 커뮤니티에도 유사한 문의가 꾸준히 올라온다.

이 . 많 . 은 . 고 . 양 . 이 . 는 . 어 . 디 . 에 . 서 . 왔 . 을 . 까 .

🐈 이름을 불러주지 못해서 미안해

루이가 내게 오는 과정이 너무 쉬웠다고 생각하는 사람이 있을지도 모르겠다. 사실 그 전에 지영 씨와 나 사이에는 다른 고양이가 하나 있었다. 달콩이라는 이름의 고양이였다.

달콩이는 지영 씨가 봉사를 다니던 시 보호소에 태어난 지 두어 달 됐을 만한 어린 상태로 입소했다. 그때가 2011년의 아주 늦은 가을이었다. 겨울이 성큼성큼 자비심도 없이 다가오고 있었다.

달콩이는 검은 무늬가 턱시도처럼 있는 새끼고양이와 한 철장에 있게 되었다. 추위와 함께 한바탕 병이 휩쓸고 간 보호소에서 어린것들은 체온을 나누며 의지했다. 그렇게 서로를 달래며 입양되는 날까지 버텼다면 얼마나 좋았을까. 그러나 턱시도 고양이의 상태는 그런 것을 바라기에는 너무 좋지 않았다.

배를 오래 곯은 것이 분명해 보이는 마른 나뭇가지 같은 몸에서 그것이 분명하게 느껴졌다. 캔을 앞에 놓아주면, 음식 냄새에 입을 작게 움직이면서도 고개를 가누지 못해 삼키지를 못했다. 그 모습을 본 봉사자들이 주사기에 묽은 스튜 같은 음식을 넣어 급여해줘야 했다. 얼마 후, 턱시도 고양이가 구토와 설사 증상을 보이기 시작했다. 건강에 문제가 있을 때 나타나는 대표적인 증상이었다.

보호소 측에서는 위생과 관리 때문에라도 달콩이와 턱시도 고양이를 분리할 수밖에 없었다. 한 철장 속 이동장 안에 턱시도 고양이를 격리하자, 달콩이는 이동장 여기저기를 긁어대며 친구를 찾았다. 이미 숨이 얼마 남지 않은 친

이 . 많 . 은 . 고 . 양 . 이 . 는 . 어 . 디 . 에 . 서 . 왔 . 을 . 까

힘없이 늘어져 있는 턱시도 고양이(좌)와 제 힘으로 밥을 먹고 있는 달콩이(우).

구인데도, 며칠 같이 있었다고 그 아이가 들어 있는 이동장을 열어달라고 벅벅 긁고 냄새 맡으며 이동장 위에 올라가서 친구를 불렀다.

 안쓰러웠지만, 지영 씨 역시 보호하고 있는 고양이가 넘나 보니 둘이 니 올 수밖에 없었다. 그 대신에 사진을 찍어서 글을 올렸다. 글이 올라가고 여기저기 공유되어 사람들이 고민하는 사이에 한 생명은 넘지 않았으면 좋았을 강을 건너고 있었다. 얼마 후, 턱시도 고양이는 분비물과 함께 미련을 토해내기라도 한 듯 세상을 떠났다.

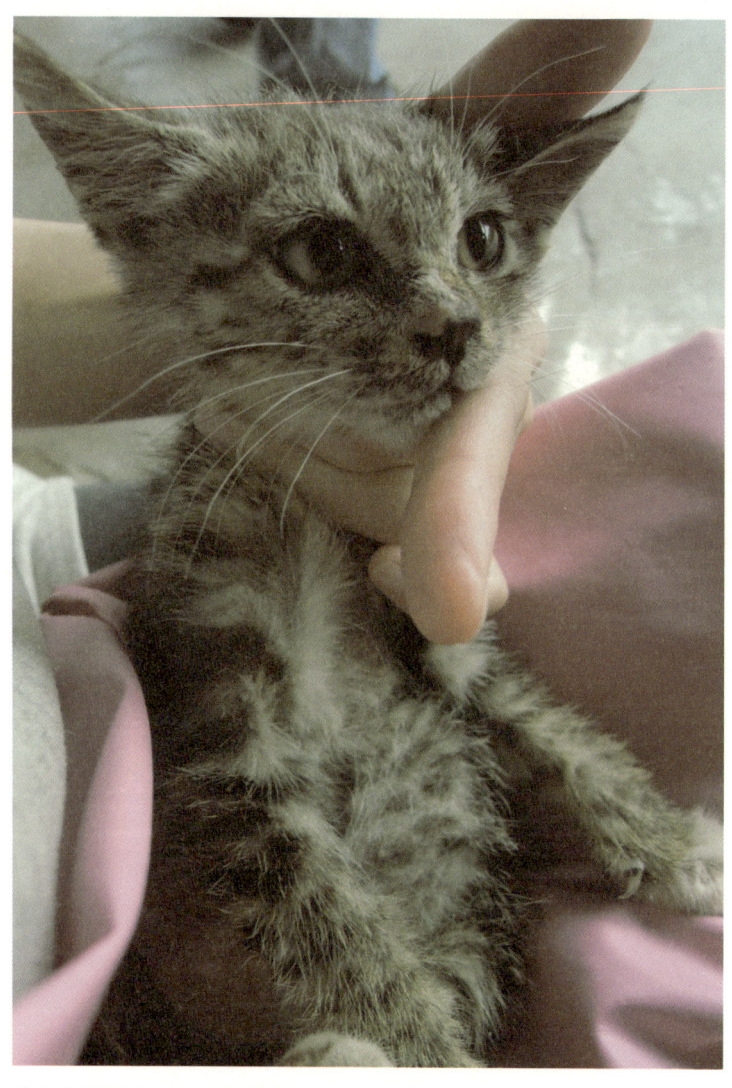

지영 씨 집에서의 달콩이. 큰 귀에 큰 눈, 짙은 아이라인까지 꽃성묘가 될 자질이 보였다.

이 . 많 . 은 . 고 . 양 . 이 . 는 . 어 . 디 . 에 . 서 . 왔 . 을 . 까 .

턱시도 고양이의 죽음 이후, 달콩이는 보호소에 혼자 남게 되었다. 갑자기 추워진 날씨로 힘겨웠던 세상을 버리고 떠난 아이들, TNR 후 제 위치로 돌아간 아이들, 새 집을 찾아간 운 좋은 아이들로 하나씩 철장이 비어갔을 보호소는 그 어린 생명에게 필경 황량하고 추웠을 것이다.

이때쯤, 내 입양신청이 지영 씨에게 가닿았다. 그날 저녁에 긴 전화 인터뷰가 있었다. 한시가 급했던 지영 씨는 다음 날 바로 보호소로 가 달콩이는 데리고 나왔고, 병원에서 기본 검진을 한 뒤 자신의 집으로 데리고 갔다.

지영 씨는 피부병이 심하지만 잘 먹고 배변 활동도 원활하다며 달콩이 소식을 전해주었다. 얼굴도 못 본 사이였지만, 주말에 달콩이를 볼 거라는 기대와 설렘으로 마음이 이상했던 기억이 아직도 선명하다.

하지만 달콩이는 나를 그렇게 길게 기다리지 않았다. 면역력이 약한 고양이에게 흔한 호흡기질환인 칼리시(Feline Calci Virus)[10]와 고양이 범백혈구 감소증(Feline Panleukopenia)[11]이 발병한 것이다. 저를 위해 사두었던 물건 하나 써보지 못하고, 오래 살라고 지어놨던 이름 한 번 불려보지 못한 채였다. 지영 씨와 나는 서로에게 자꾸 고맙고 미안하다는 말을 했다.

---

10 호흡기 질환으로 식욕저하, 재채기, 콧물, 발열이 대표적으로 나타난다. 입 안에 염증이 생기고 침을 많이 흘리는데, 심각한 경우 이빨을 뽑아야 할 수도 있다. 전염성이 높고, 회복 후에도 바이러스는 체내에 남는다. 사람에게는 옮지 않으나 고양이 간에는 체액이나 배설물을 통해 감염이 일어난다. 건강한 고양이는 2~3주 만에 회복한다.

11 고양이 전염성 장염. 파보장염 혹은 고양이 홍역으로 불린다. 고양이 파보바이러스에 의해 발병하는 바이러스성 장염이다. 전염성이 매우 강하고 치사율 역시 높다. 체액과 배설물로 감염되며, 증상으로는 혈변과 탈수, 빈혈, 설사, 무기력, 식욕부진이 있다. 감염 후 24시간 안에 폐사할 수 있으므로 즉시 치료가 필요하다.

한겨울 보호소에 홀로 남았던 달콩이. 넓고 스산한 보호소는 이 어린 고양이에게 어떤 느낌이었을까.

지금도 내 사진 폴더에는 달콩이가 저장되어 있다. 달콩이를 떠올릴 때면 한 번도 본 적 없는 턱시도 고양이에 기대어 체온을 나누는 달콩이의 모습이 떠오르곤 한다. 그럴 때면 죽음과 외로움의 냄새로 가득한 그곳에서 기댈 수 있는 존재가 있다는 데서 왔을 안도감, 그 존재에게서 생명의 기운이 서서히 옅어질 때의 불안감, 친구의 체온을 어떻게든 조금 더 느껴보려고 애썼을 절박감 같은 달콩이의 감정이 상상된다.

고양이를 좋아하는 사람이라 멋대로 상상한다고 생각할지도 모르겠다. 자

이 . 많 . 은 . 고 . 양 . 이 . 는 . 어 . 디 . 에 . 서 . 왔 . 을 . 까 .

연의 법칙은 적자생존이라고 할지도 모르겠다. 하지만 보호소 철장 안에서 마지막 순간까지 젖을 물린 어미 고양이의 이야기에서, 따뜻한 이불과 집을 두고 지독한 냄새의 배설물을 쏟는 친구를 찾은 달콩이의 이야기에서 생존 경쟁의 그림자를 찾기는 어렵다. 제 새끼나 죽어버린 친구는 그들에게 도태되게 두어야 할 약체가 아니었다. 고양이에게도 마음은 존재한다. "모성"이나 "우정", "불안감", "절박감" 같은 단어는 없을지라도, 마음이 있고 감정이 있다. 너무도 당연한 이 말을 사람은 어째서 그렇게도 받아들이지 못하는 걸까.

3. 품종 고양이의 슬픔

고양이와 함께 살고 싶다고 생각하면서부터 이리저리 고양이 커뮤니티를 돌아다녔고, 책을 읽었다. 그리고 속으로 함께 살고 싶은 '로망묘', 꿈의 고양이를 꼽아보곤 했다. 올블랙의 봄베이 캣이나 노르웨이 숲 고양이의 모습을 그리며, 습성을 검색해보기도 하고 브리딩 업체를 찾아보기도 했다. 고양이를 좋아하고 함께하길 바라는 사람이라면 아마도 비슷한 경험을 해본 적이 있을 것이다. 그렇기 때문에 로망묘와 로망품종은 사람들의 일상적인 대화, 동물 프로그램, 고양이 커뮤니티에서 쉽게 대화의 주제로 떠오른다. 러시안블루, 먼치킨, 스코티시폴드, 페르시안, 랙돌, 아비시니안 등, 꿈의 고양이 목록은 끝도 없다. 그리고 그 목록에 코숏 흔히들 도둑고양이 혹은 길고양이라고 부르는 그 품종은 없다.

이 . 많 . 은 . 고 . 양 . 이 . 는 . 어 . 디 . 에 . 서 . 왔 . 을 . 까 .

똑같은 고양이지만 어떤 고양이는 '도둑'을 제 성씨처럼 붙이고 태어나 천덕꾸러기가 되고, 어떤 고양이는 어렵고 긴 '브랜드'를 달고 태어나 적게는 수십만 원에서 많게는 수백만 원의 몸값을 부여받는다. 가슴 아프지만, 그것이 '애완동물' 세계의 경제원칙이다. 이런 서글픈 원칙은 버려진 동물만 모여 있는 유기동물 보호소에서도 유효하다. 사람들은 사람의 눈을 가지고 사선 근처에 서 있는 동물을 재단하고 판단한다. 순종에 가까울수록, 어릴수록, 건강할수록 더 쉽게 입양 기회를 부여받는다.

🐈 유리 고양이, 키티

소진 씨는 〈사단법인 한국동물구조협회〉[12]의 인터넷 공고에서 키티를 처음 보았다. 페르시안 품종의 새끼고양이였던 키티는 입양처를 쉽게 찾을 만한 조건이었다. 그런데 이상하게도 아무도 나서는 사람이 없었다. 의아했지만 품종도 있고 어리니 금세 가족을 찾겠거니 하고 지나치다 키티가 안락사 공고 마지막 날까지 보호소에 머물러 있는 것을 알게 되었다. 소진 씨는 부랴부랴 이 어린 고양이를 데리러 보호소로 향했다.

직접 본 키티의 모습은 어린 꿈송뇨가 보호소에 계속 미물렀던 이유를 분명하고 정확히 알려주었다. 다리에 심각한 문제가 있었던 것이다. 얼핏 보기에도 병원 치료가 필요할 것 같은 예사롭지 않은 상태였다. 그래서 보호소는 키티를

---

12 대표적인 구조단체이며, 많은 구조·보호·입양을 진행한다. 거의 매일 새로운 유기동물의 공고가 뜨는 곳이며, 개인 활동가들이 자주 살피는 곳이기도 하다.

접힌 앞발을 딛고 서 있는 키티. 태어날 때부터 이런 상태였고, 평생을 이렇게 살아야 한다.

내보는 데 회의적이었다. 개인이 돌보고 치료하는 데 시간적으로나 물질적으로 어려움이 많을 거라고 걱정했다. 치료 및 보호 과정을 알려주겠다는 약속을 하고서야 키티를 데리고 나온 소진 씨는 그대로 병원으로 향했다.

보호소의 말대로, 키티의 상태는 보통의 것이 아니었다. 불편해 보였던 앞다리는 평범한 탈골이나 골절이 아니라 아예 뼈가 덜 형성되어 있었다. 병원을 세 군데나 방문했지만, 하나같이 이런 경우는 임상의가 되어서도 처음 본다고 했다.

고양이의 앞다리는 요골(Radius)과 척골(Ulna)로 이루어져 있는데, 키티는 둘 중 좀 더 큰 뼈인 요골이 양쪽 모두 형성되지 않았고, 뒷다리의 슬개골(Patella) 역시 마찬가지였다. 선천적인 기형이었다. 병원에서는 키티의 상태를

이 . 많 . 은 . 고 . 양 . 이 . 는 . 어 . 디 . 에 . 서 . 왔 . 을 . 까 .

나아지게 할 방법을 찾아보겠지만, 치료 방법을 찾을 수 있을지 장담하기 어렵다고 했다. 그리고 문제 하나를 더 꺼냈다. 뼈의 강도였다. 뼈가 너무 약해서 잘못 밀쳐지기만 해도 골절이 생길 수 있을 정도라고 했다. 생각해보면, 그건 당연한 일이었다. 뼈가 덜 형성될 정도였으니 튼튼할 리가 없지 않은가. 조심스럽게 대할 수밖에 없는 키티를 소진 씨는 "유리 고양이"라고 불렀다.

하얗고 긴 털에 커다란 눈을 내려뜨고 있는 키티는 별명처럼 예민하고 섬세한 아가씨였다. 넓은 곳보다는 철장 안에 있기를 좋아했고, 여러 고양이와 어울리기보다는 혼자 있기를 즐겼다. 처음에는 좁은 데 갇혀 살고, 어릴 때 다른 개체를 만나지 못한 탓에 사회성이 없는 것이 아닌가 생각했지만, 넓은 데 내놓고 다른 고양이를 만나게 해봐도 키티는 관심이 없었다. 어쩌면 제 몸 상태를 알기 때문에 안전한 철장 안에서만 지내고 싶었던 것일지도 모른다.

동물은 자신의 상태에 민감하다. 야생에서의 질병과 부상은 도태나 죽음과 직결되기 때문이다. 인간의 도움을 받은 역사가 길지 않은 동물 입장에서는 스스로를 보호하고 돌보려는 본능이 당연히 남아 있을 수밖에 없다. 실제로 많은 반려동물이 통증이 있어도 숨기려고 해, 오히려 병을 키운다고 한다. 키티 역시 자신의 상태를 알고, 스스로를 챙기기 위해서 최대한 다치지 않아야 하고, 그 방법이 외톨이로 사는 것이라 판단했을 수도 있겠다. 기디기 이떤 마음으로 혼자 지내는 것을 선택했는지는 알 수 없지만, 안쓰러운 마음에 몇 번 합사를 시도한 끝에 소진 씨는 키티의 선택을 존중하기로 했다.

키티가 소진 씨의 집에 온 지 3개월쯤 지났을 때였다. 키티의 몸과 성격에 대한 파악도 끝나서 순조롭고 평화로운 일상이 흘러가고 있었다. 평소처럼 구조한 동물 소식, 집에 있는 고양이들 소식을 블로그에 올리고 댓글을 확인하던 중, 어떤 문장 하나가 소진 씨의 관심을 끌었다.

"키티 눈이 사람 눈 같아요."

그러고 보니, 키티는 밝은 곳에서도 고양이 특유의 세로로 긴 칼눈이 된 적이 없었다. 사람들은 고양이의 눈이 동그랗고 커다랗게 확장되었을 때 귀엽다고 감탄한다. 하지만 이 눈은 빛이 별로 없는 어두운 밤이 아니라면, 아주 놀랐을 때나 경계할 때 나타난다. 그런데 키티는 편안할 때나 빛이 환한 대낮에도 동공이 확장되어 있었다.

소진 씨는 서둘러 병원으로 향했다. 이제까지의 상황을 설명하자, 수의사는 시신경이 손상되었거나 홍채에 문제가 있을 때 이런 현상이 있을 수 있다며, 심각한 경우에는 햇살 같은 강한 빛을 못 보게 해야 할 수도 있다고 했다. 이 말에 소진 씨의 가슴은 말 그대로 내려앉았다.

고양이라고 하면 떠올리는 대표적인 이미지들이 있다. 앞다리를 핥아서 얼굴과 귀를 정리하는 고양이 세수, 책상이나 캣타워 같은 높은 곳에 날렵하게 뛰어 올라가기, 다른 고양이와 엎치락뒤치락 하며 즐기는 레슬링 같은 것이다. 키티는 그런 것들을 하나도 할 수 없다. 앞다리 미형성으로 그루밍도 못 하고, 뒷다리 기형으로 높은 데도 못 올라가며, 뼈가 약해서 감독할 사람이 없을 때는 철장 안에만 있어야 한다. 그나마 햇볕 아래서 몸을 따끈하게 데우면서 마음껏 일광욕을 하는 것이 키티에게 허락된 고양이스러움이었다. 그런데 햇볕까지 쬘 수 없어진다면 너무 가혹한 삶이 아닌가?

만약의 가능성을 기대하며 안구 정밀 검사를 의뢰했다. 검사 결과에서도 다

까맣게 꽉 찬 키티의 눈에는 또다른 아픔이 있었다.

시 선천적인 문제가 나왔다. 태어날 때부터 홍채가 너무 얇아 정상적인 고양이처럼 칼눈이 될 수 없다고 했다. 하지만 좋은 소식도 있었다. 홍채 반응이 정상이고 시신경 손상도 없어 오랜 시간이 아니면 햇볕을 쬘 수 있다고 했다. 대신 키티가 머무는 공간은 어둡게 유지하는 게 좋다는 권고도 함께였다.

사람이라면 선글라스라도 선물했으련만, 키티는 고양이인지라 집을 어둡게 만드는 수밖에 없었다. 그래서 키티가 머무는 곳을 현저히 어둡게 만들었다. 그리고 집의 전체 조도 역시 낮추었다. 키티를 위해서였다.

키티는 어두침침한 소진 씨의 집에서 가끔 햇볕을 쬐며 아웃사이더 고양이로 잘 살고 있다. 최근에는 체력도 좋아져서, 가정에서 사는 고양이치고는 늦은 두 살이 다된 나이에 발정도 왔다. 그만큼 몸이 좋아졌다는 뜻일 것이다. 물론 키티에게 번식은 너무 버거운 일이므로 곧 중성화 수술을 했다. 다리 근력

아무도 오지 않는 어두운 공간이 키티에게는 가장 편안하고 안전한 곳이다.

역시 좋아졌다. 다 형성되지 못한 앞다리는 그대로지만, 뒷다리 힘으로 높은 곳도 올라갈 수 있게 되었다.

"한 번에는 못 올라가지만, 의자로 올랐다가 다시 탁자로 뛰어 올라가요!"

키티는 어떻게 지내냐고 물었더니 대번 목소리가 환해지면서 소진 씨가 자랑하듯 한 말이다.

누군가는 고양이를 위해서 왜 그렇게 많은 돈을 쓰고, 복잡한 검사를 하며, 불편을 감수하느냐고 물을지도 모른다. 하지만 돈과 불편의 대가가 한 생명의 안온한 삶이라면 시도해볼 만하지 않을까? 우리는 무게 중심을 어디에 두어야 할까?

이 . 많 . 은 . 고 . 양 . 이 . 는 . 어 . 디 . 에 . 서 . 왔 . 을 . 까

🐈 최소한의 금기마저 무시한 결과, 해루

동물을 좋아하는 사람이라면, 누구나 꿈의 동물이 있다. 그리고 그런 동물들은 대개 품종을 가지고 있다. 이런 '꿈'의 동물을 원하는 사람들의 욕망을 채우기 위해 애완동물을 판매하는 곳과 번식장, 캐터리가 존재한다.

한국의 동물보호법은 동물 번식업을 하려면 인력과 시설에 대한 서류를 제출하고 지방자치단체에 등록하도록 정하고 있다. 하지만 이런 규칙이 유명무실함은 노점이나 인터넷에서 무분별하게 판매하는 업자들만 봐도 알 수 있다.

또한 번식업에 사용되고 있는 동물과 사육환경에 대한 규제나 관리 규정 역시 없다. 어떤 건강 상태인 동물을 어떤 환경에서 얼마의 주기로 번식시키든 업자의 마음이라는 뜻이다. 이런 허점 때문에 돈에 눈이 먼 업자들은 잔인할 정도로 충실하게 경제논리에 따른다. 해외는 물론이고 국내에서도 여러 번 이슈가 되었던 강아지 공장이나 고양이 공장을 보면 그 논리를 투명하게 볼 수 있다. 최소한의 비용으로 최대한의 수익을 올린다. 그것이 유일한 논리이자 목적이다. 그래서 1년에 2회에서 4회에 걸쳐 새끼를 빼고, 병이 생겨 더 이상 새끼를 낳을 수 없어져야 그 잔혹한 번식의 사이클에서 빼낸다.[13]

공장 안에 들어 있는 모체들은 바깥 공기나 햇빛 한 줌 제대로 향유하지 못하고, 스트레스와 각종 질병에 시달린다. 그런 환경은 키티처럼 선천적 기형

---

13 더 이상 출산을 할 수 없는 상태가 되어서야, 철장이 열리고 새로운 길이 펼쳐진다. 첫 번째 길은 도로나 야산이라는 '자연'에 돌려보내는 길, 두번째 길은 고양이탕으로 바꿔버릴 건강원으로 가는 길, 세 번째는 복불복의 세계인 유기동물 보호소로 가는 길이다. 어느 길이든 폐기에 다름 없다고 볼 수 있다.

을 가진 개체가 태어날 확률을 높인다. 이런 선천적 장애를 가진 아이가 소진 씨 집에 또 있다. 누가 봐도 예쁘다고 감탄하는 해루이다.

해루는 미디어에서 자주 소개되었던 스코티시폴드 종이다. 이 종은 귀엽게 접히는(fold) 귀 때문에 특히 유명한데, 이 특징은 귀의 연골이 형성되지 않아 가능한 것이다. 문제는 연골이 형성되지 않는 이 특징이 때때로 귀가 아닌 다른 관절에서도 나타난다는 것이다. 이것이 바로 스코티시폴드의 유전병인 골연골이형성증(osteochondrodysplasia)이다. 이 때문에 스코티시폴드 간 교배는 금지하고 있다. 또한 어릴 때 발견되지 않더라도 성장하면서 골연골이형성증이 나타날 수 있으므로, 데려올 때 위로 3대까지 동종교배하지 않았는지를 확인해야 한다. 하지만 불행하게도 한국에는 그런 것을 확인할 수 없는 불법 번식업체와 무분별한 가정분양업자가 많다. 심지어 용돈을 벌겠다고 같은 펫숍에서 데려온 스코티시폴드 암수로 새끼를 낳게 하는 사람도 있다. 생명이 아닌 돈으로 보는 사람에게 동종교배 금지라는 기본적인 규칙은 수익을 떨어뜨리는 귀찮은 권고 사항일 뿐이다.

문제는 처음 유입되는 품종묘의 수이다. 국제고양이협회(TICA)나 고양이애호가협회(CFA)에 소속되어 있으며, 유전병 문제를 걱정해 윗세대를 따지고, 부모 개체의 건강까지 관리하면서 브리딩을 하는 캐터리의 수는 한정적이다. 거기에다 출산회수 역시 연 2회를 넘기지 않도록 관리하다 보니, 정식 캐터리에서 출산되는 새끼고양이만으로는 치솟는 수요를 감당하기 어렵다. 그러니 품종확인서가 없는, 즉 번식하는 부모 개체나 그 윗세대에 대한 정보가 명확하지 않아 동종교배나 근친교배 여부가 확인되지 않는 마구잡이식 번식

이 . 많 . 은 . 고 . 양 . 이 . 는 . 어 . 디 . 에 . 서 . 왔 . 을 . 까 .

접힌 귀와 사랑스러운 얼굴, 친근한 성격, 짧고 통통하며 귀여운 몸집으로 많은 인기를 끌고 있는 스코티시폴드 종. 해루 역시 스코티시폴드라는 멍에를 지고 태어났다.

이 품종묘 공급의 많은 부분을 차지하게 된다. 잡종을 원하지 않는 소비자가 많으니, 이런 현상은 어찌 보면 당연한 것일지도 모른다. 동종이나 근친교배라면 잡종은 나오지 않을 테니 말이다.

  해루 역시 그렇게 태어났다. 용돈벌이를 할 생각으로 키우던 스코티시폴드 고양이를 교배시켰고, 태어난 새끼 중에는 항문에 기형이 있는 아이도 있었다. 그 사람은 하자 제품을 처리하듯 이 새끼고양이를 3만 원에 땡처리 하겠다고 했다. 같이 태어난 형제 고양이까지 이상하게 보여 팔리지 않을까 봐 빨리 처리하고 싶었던 것이다. 땡처리조차 되지 않으면 안락사될 예정이었던 해루는 한 활동가 덕분에 새 삶을 살 수 있었다.

  해루를 만나자마자 소진 씨는 병원으로 향했다. 그리고 긴 병원 생활이 시

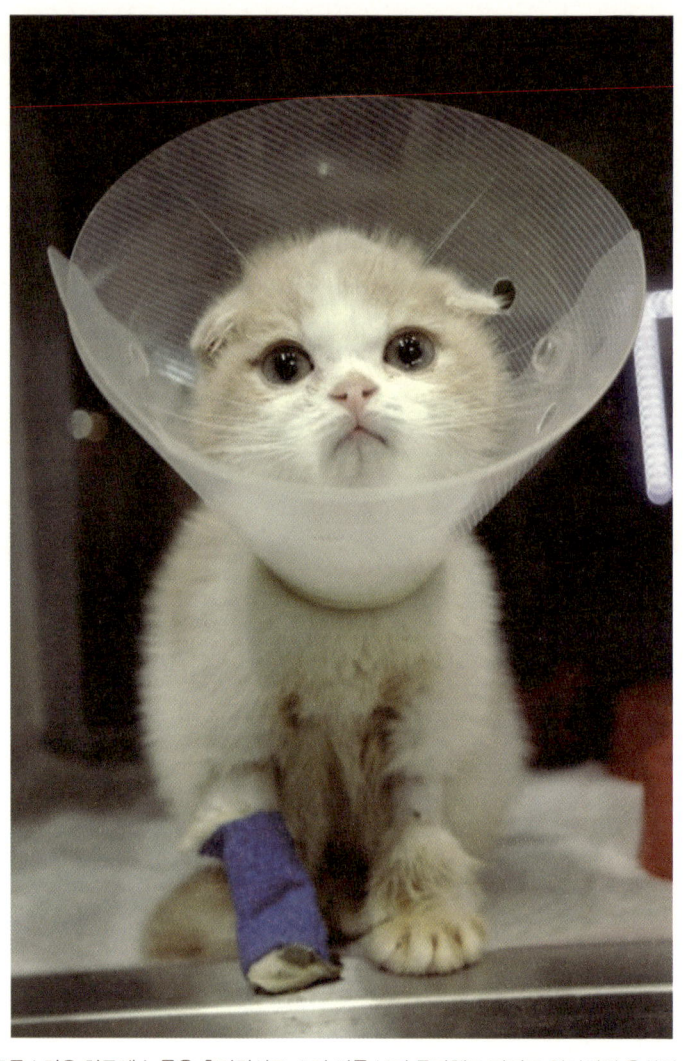

고통스러운 치료에 눈물을 흘리면서도 소진 씨를 보면 좋아했고 가려고 일어서면 울상이 되곤 했다.

이 . 많 . 은 . 고 . 양 . 이 . 는 . 어 . 디 . 에 . 서 . 왔 . 을 . 까 .

작되었다. 너무 작았던 항문 때문에 배출되지 못했던 변을 억지로 밀어 빼내고, 항문을 확장하는 수술 준비를 하는 한 달 사이에 해루는 이빨도 나고 애교도 늘었으며 몸도 두 배 정도로 커졌다. 그 작은 병원 철장 안에서도 생명은 부쩍부쩍 자라났다. 하지만 대장과 직장이 없고, 장운동이 일어나지 않는 문제는 그대로였다. 번식업자의 선택과 소비자의 입맛에 따라 만들어진 해루는 기형을 안고 태어났으며, 번식업자와 소비자가 부린 탐욕의 대가는 해루가 치러야 했다. 탈장의 위험이 있는 고통스러운 수술까지 감당해야 했지만, 결과는 배변을 하려면 여전히 하루에 두 번씩 사람의 손을 빌려 마사지를 받고, 변을 짜내야 하는 것이었다. 두 차례의 수술을 끝으로 확연히 무언가 더 나아진 것도 없이 해루는 긴 병원 생활에서 벗어났다.

소진 씨의 집으로 온 해루는 다른 고양이 누나들에게서 고양이질을 배우며 잘 지냈다. 예쁜 짓도 했고, 잘 때면 소진 씨 옆에 누워 같이 베개를 베고 잤다. 그럴 때면 친애의 감정을 표현하느라 소진 씨 얼굴에 항문을 들이대곤 했는데, 그 항문에는 으레 똥이 붙어 있곤 했다.

퇴원했지만 해루는 여전히 일주일에 반은 병원에서 보내야 했고, 하루에 세 번 유화제를 먹어야 했다. 유화제 때문에라도 자연스레 흘러나와야 할 대변은 운동이 느린 대장 안에서 찰흙처럼 굳어 빠져나오지 못할 때가 많았다. 그럴 때면 관장을 하고, 배를 압박해 변을 억지로 빼냈는데, 그때마다 해루는 눈물을 뚝뚝 흘리며 고통스러워했다.

집고양이가 평균 10년 이상을 산다고 봤을 때, 해루는 같은 고통은 어림잡아 만 번은 겪어야 했다. 앞으로 해루가 겪어야 할 고통과 공포를 생각한다면

소진 씨 집에 도착한 첫 날. 낯선 환경과 많은 고양이에 얼어붙었던 해루를 다른 고양이들이 돌봐주고 있다. 낯선 고양이의 등장에 경계할 법도 했지만, 다들 해루를 좋게 받아들이고 품어주었다. 해루는 이들 덕분에 무사히 고양이 사회에 편입될 수 있었다.

이 . 많 . 은 . 고 . 양 . 이 . 는 . 어 . 디 . 에 . 서 . 왔 . 을 . 까 .

다른 방법이 필요했다. 해루의 반려인을 위해서도 필요한 일이었다. 하룻밤이라도 집을 비우게 되면, 소진 씨는 관장과 배변을 돕는 일에 경험이 있는 사람을 찾아야 했다. 그리고 그런 사람은 찾기 쉽지 않다. 해루의 행복을 위해서도, 미래에 해루와 함께 살 사람을 위해서도 배변 문제는 해결해야 했다. 의료진과 논의 끝에 움직임이 없는 장은 제거하고, 위의 일부를 늘여 직장까지 연결하는 3차 수술을 결정했다.

다행히 수술은 성공적이었고, 억지로 변을 짜낼 필요는 없어졌다. 그 대신, 유화제를 하루에 세 번 급여하고, 괄약근이 없어 물처럼 뚝뚝 흐르는 대변을 처리하는 일이 반려인에게 남았다. 직장이 없으니 항시 변이 흘렀고, 수면 중에도 예외는 아니었다.

소진 씨를 만난 이후로 해루는 몇 차례나 수술을 했고, 눈물이 날 정도로 아프게 배를 압박당했으며, 맛도 없는 약과 유화제를 억지로 먹어야 했다. 앙심을 품거나 아프게 하는 사람으로 기억하고 피할 만도 했지만, 해루는 여전히 소진 씨를 좋아했다. 그래서 잘 때면 여전히 소진 씨 옆에 잤다. 그러다 보니 아침에 깼을 때 해루의 대변이 소진 씨 어딘가에 묻어 있는 건 당연한 일상이 되어버렸다. 운이 좋은 날이면 머리나 옷 정도였지만 운이 나쁘면 얼굴에 똥칠이 되어 있는 날도 있었다. 하지만 해루의 잘못은 아니었다. 소진 씨 역시 그 사실을 알고 있었기에, 해루가 지독한 배변 문제에서 벗어난 데 감사했다.

이것으로 그나마 아픔 없는 삶이 해루에게 주어지는 듯했다. 그러나 해루의 불운은 거기서 끝이 아니었다. 해루에게 유전병인 골연골이형성증의 증상이 나타난 것이다. 뒷다리가 굳어갔고, 관절도 제대로 굽혀지지 않았다. 그냥 보

'키워보고 싶다'는 마음만으로는 충분하지 않다. 귀여운 얼굴과 행동 아래에는 꾸준한 관리와 지속적인 병원비 지출, 장기간 출장이나 여행 불가 같은 다양한 의무사항이 붙어 있다.

기에도 뒷다리를 끌고 다니며 절뚝이는 게 보일 정도로 악화되었지만, 이 병을 치료하는 건 불가능하다고 했다. 관절영양제와 소염제로 골절의 위험과 통증을 경감시킬 수 있을 뿐이라고. 이 병은 지금 이 시간에도 해루의 몸 속에서 진행 중이다. 이제 사람인 우리가 해줄 수 있는 것은 고통스럽지 않기를, 만약 고통이 있다면 최소한의 것이기를 바라고 기도하는 것밖에는 없다.

🐈 해루의 몸값

소진 씨는 치료를 병행하면서 입양문의를 받았다. 인기가 많은 품종이기도

이 . 많 . 은 . 고 . 양 . 이 . 는 . 어 . 디 . 에 . 서 . 왔 . 을 . 까

했지만, 해루 자체도 무척 예뻤기 때문에, 사람들은 치료 과정을 열띠게 응원하고 딱한 사정에 공감했다. 그리고 입양문의도 그 관심의 크기만큼 들어왔다. 성의 가득한 자기소개와 해루에 대한 마음이 느껴지는 글, 열심히 돌보겠다는 열의가 담긴 글을 보내준 사람도 있었다. 하지만 많은 신청자 중에서 해루를 위한 사람이 누구인지, 손도 많이 가고 병원비도 엄청나게 들 해루를 평생 돌봐줄 사람이 누구일지를 찾아내는 것은 어려웠다. 생각 끝에 소진 씨는 책임비를 200만 원으로 수정해서 다시 입양공고를 올렸다.

책임비를 수정하자 쇄도했던 입양문의가 딱 끊겼다. 소진 씨도 어느 정도 예상했던 일이었다. 책임비가 대부분 3만 원에서 10만 원 정도에서 설정되는 현실을 고려하면, 200만 원은 상상을 초월하는 금액이었으며, 입양 보내기 싫어서 일부러 높은 금액을 책정했다는 오해가 생길 수도 있었다. 하지만 소진 씨는 나름의 이유를 가지고 그 금액을 책정했다. 첫째로 여러 차례 수술을 하고 치료와 검진을 다니면서 들어간 병원비용이 200만 원 이상이었고, 둘째로 골연골이형성증이라는 유전병과 남은 삶 동안 유화제를 먹고, 정기적으로 병원을 가야 하는 배변 문제가 있었다. 다시 말해, 앞으로도 병원비가 꾸준히 들어갈 것이므로 반려인의 경제력을 따져야 했다. 생각보다 많은 수의 고양이가 비용, 특히 병원 치료비가 부담스럽다는 이유로 버려지기 때문이다.

해루의 책임비 책정에 작용했던 또다른 요소가 품종이었다. 구조활동가들은 품종묘에 다소 높은 책임비를 책정한다. 사람들은 품종묘라서 비싸게 책정하는 것이라고 수군대기도 하지만, 사실은 품종묘에 접근하는 사람들의 태도 때문인 경우가 많다. "키워보고 싶었어요."로 대변되는, 시제품을 대하는 듯한

최근의 해루. 아픔도 있지만 즐거움도 있는 삶을 살고 있다. 얼마 전에는 공혈묘가 되어 아픈 친구에게 피를 나눠주기도 했다.

태도가 그렇다. 특히 품종묘는 각 품종에 따라 대표되는 외모와 성격이 있어, 로망과 기대를 가지 쉽다. 그러나 막상 키우면, "혼자서 잘 논다고 하더니 너무 많이 울어요."라든지 "아비시니안은 주인에게 충성한다고 하더니 저를 전혀 따르지 않네요."라든지 "도도하다더니 너무 애교를 부리고 놀아달라고 해서 곤란해요.", "장모종은 관리하기가 너무 어렵네요."라며 파양하거나 유기

이 . 많 . 은 . 고 . 양 . 이 . 는 . 어 . 디 . 에 . 서 . 왔 . 을 . 까 .

하는 경우가 존재한다. 그래서 애초에 다소 높은 책임비로 흥미나 관심만 가지고 접근하는 사람을 조금이라도 차단해보고자 하는 것이다.

소진 씨의 속사정을 다 알지 못하는 사람들에게 200만 원의 책임비는 사실 잘못된 인상을 남길 수도 있었다. "고양이로 장사하는 사람"으로 매도될 가능성도 다분했다. 나 역시 다른 사람의 입양공고에서 책임비가 10만 원이 넘는 것을 보면서 의아하게 생각했던 적이 있었다.

이처럼 책임비 문제는 구조활동가와 입양자 사이에 가장 민감한 문제이다. 오죽하면 입양공고에서부터 "파양해도 책임비는 돌려드리지 않습니다."라는 문구가 들어가 있을까. 실제로 파양하면서 책임비 환불을 요구하는 사람이 꽤 있다. 이런 문제 때문에 소진 씨는 책임비를 현금 대신 사료로 받는다. 해루만이 예외였다. 소진 씨의 사례를 살펴보면서 병원비나 약값 등으로 현금 지출이 상당했을 것으로 짐작했다. 그런데 왜 현금이 아니라 사료로 받는 것일까? 그에 대해서 묻자 소진 씨는 이렇게 말했다.

"제가 책임비로 현금을 받지 않는 것에 적지 않은 제 입양자들이 놀라고 감동했다고 하세요. 어쩔 때는, 병원비로 심하면 수백만 원이 들어가기도 해요. 하지만 그걸 다 요구할 수도 없고, 어차피 받아야 10만 원이 한계선일 텐데, 돈 받았다는 소리 듣느니 그냥 포기하자. 이렇게 된 것 같아요."

그 말에서 책임비와 그에 따른 사람들의 반응에 대한 피로감이 느껴졌다.

고민하던 해루의 입양 문제는 결국 소진 씨가 식구로 맞으면서 일단락되었다. 해루를 가족으로 품고, 새로운 고양이를 구조하며 병원과 집, 보호소를 오가는 와중에도 세월은 흘렀다.

3차 수술을 한 지 1년이 지났을 때쯤, 드디어 해루가 제대로 배변활동을 할 수 있게 되었다. 물론 여타의 고양이처럼 제대로 된 형태의 변을 보는 것은 아니다. 평생 유화제를 먹어야 하고, 변의 형태 역시 여전히 액체이다. 하지만 어쨌든 화장실을 가리고, 모래를 덮는다. 물론 바닥이나 벽에 묻힐 때도 있다. 하지만 소진 씨는 그런 해루를 이해한다. 지금 해루는 소진 씨 집에서 형, 누나, 동생 고양이와 함께 행복하게 살고 있다. 예쁜 짓도 하고, 감동도 주고 웃음도 준다. 보통의 고양이들처럼 말이다.

품종묘라는 무거운 관

품종묘는 분명히 예쁘다. 사람들이 원하는 모습을 위해 교배시켜 만들어낸 것이기 때문이다. 하지만 그렇기에 책임감을 가지고 잘 관리하지 않으면 폭탄으로 돌변할 수도 있다. 소진 씨가 만났던 페르시안 고양이 가족의 이야기다.

2013년 늦가을, 페르시안 종 고양이 가족을 포기하고 싶다는 사람을 알게 된 소진 씨는 대구까지 내려갔다. 그 사람은 가정교배를 해서 새끼를 분양해왔는데, 자잘한 병이 자꾸 생기니 감당하기 어려워졌다며, 여덟 마리 모두를 떠나보내겠다고 했다. 여덟 마리 고양이 대가족과 함께 서울로 온 소진 씨는 일단 병원으로 향했다. 입원 후 기본검사를 해보니, 별다른 문제는 발견되지 않았다. 입양신청자를 받는 글을 올렸고, 다행스럽게도 대부분 빠르게 제 갈 집을 찾아 떠났다. 육체적인 피로와 경제적 푸닥거리가 있었지만, 어쨌든 무사히 끝난 것처럼 보였다. 그러나 한 달도 되지 않아 아이들이 이상하다며 입양자가 연락을 해왔다. 입양 갈 당시 5개월이었던 까만 페르시안 새끼고양이 쿠로 때문이었다.

병원으로 가서 검사해보니, 황당하게도 횡격막 허니아(diaphragmatocele)라는 병이었다. 보통은 교통사고나 낙상 같은 외부 충격으로 생기지만, 쿠로는 선천성이었다. 처음에는 간이 횡격막을 뚫고 들어가 심장을 누르고 있다고 했다. 하지만 이후 간과 심장 일부가 다 자라지 못한 채 태어났고, 성장하면서 둘이 협착되었다는 것이 밝혀졌다. 수술로 둘을 분리해야 했다.

결과를 들은 소진 씨는 입양보냈던 페르시안 고양이 가족의 반려인들에게 모두 연락을 했다. 쿠로의 병이 선천성이라면, 쿠로의 가족이었던 다른 고양이들도 위험할 수 있었다. 쿠로와 같은 집에 입양 간 밍밍이 역시 같은 증상이 발견되었다. 그리고 그 가족 중 하나를 입양했던 소진 씨 지인의 고양이 역시 같은 결과를 받았다.

적은 금액이 드는 수술도 아닌지라, 소진 씨도 눈앞이 캄캄했다. 입양 보내고 나면 입양자의 책임이라고 할 수도 있었지만, 구조자로서 도의적 책임을 느낀 소진 씨는 직접 비용을 대고 치료하기로 했다. 쿠로 밑으로만 250만 원이 들어갔다. 그리고 밍밍이의 수술을 진행하려는데, 입양자가 이번에는 절반을 부담하고 싶다고 이야기해왔다. 소진 씨의 지인 역시 전액을 사신이 부담하겠다고 했다. 이것으로 병원치레가 끝나길 바랐지만, 유전병이란 그렇게 쉽게 떠나는 것이 아니었다.

2015년 말, 쿠로에게 비대성 심근증(HCM)이 발병했다. 입양 간 지 2년쯤 되었을 때였다. 혈전이 너무 커서 치료가 불가능할 지경이었던 쿠로는 결국

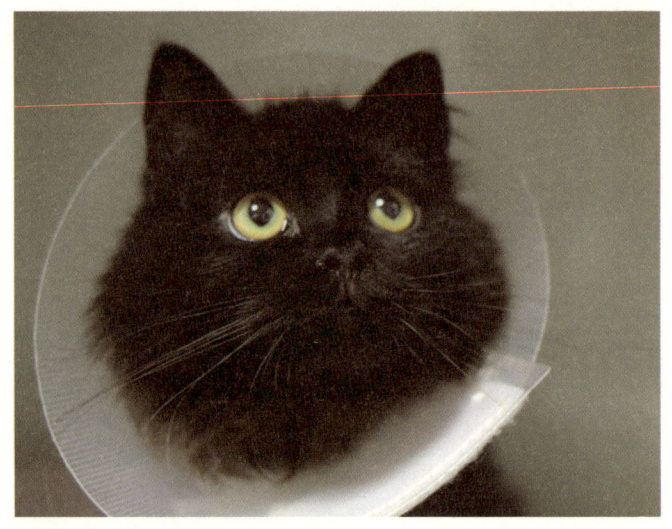

선청성 횡경막허니아로 입원했을 때의 쿠로. 힘든 수술을 마치고 다시 건강해진 줄 알았던 쿠로는 2년을 채 살지 못하고 세상을 떠났다.

그 해를 넘기지 못했다.

쿠로의 형제들에게도 다른 유전병이 발견되었다. 치아흡수성병변(Feline odontoclastic resorptive lesion)이었다. 흔히 FORL이라고 부르는 이 병은 자가면역반응으로 이빨이 녹는다. 통증이 극심해 밥을 제대로 먹지 못하고, 입 안에 염증이 생기며 입냄새도 지독해진다. 고통이 심하지만 현재로서는 이빨을 빼주는 것 외에는 별다른 치료 방법이 없다. 청년기에 해당하는 세 살 무렵에 이빨 제거 수술을 받은 밍밍이와 다른 형제는 현재 각자의 집에서 반려인과 잘 살고 있다.

품종묘는 예쁘다. 하지만 과연 이 모든 고통과 위험을 생명에게 강제할 만

이 . 많 . 은 . 고 . 양 . 이 . 는 . 어 . 디 . 에 . 서 . 왔 . 을 . 까 .

큼 예쁜가? 품종묘는 코숏에 비해서 비싸다. 그러니 유전병이 생길 위험 같은 건 무시하고 무분별하게 교배시켜도 괜찮은 것인가? 예뻐서 데려와 사랑하게 된 아이에게서 쿠로나 밍밍이, 해루나 키티가 가진 병이 어느날 갑자기 생길 수도 있다. 그것이 품종묘에게 우리 인간들이 억지로 씌운 관이다.

최면에 걸린 듯

소진 씨는 두 자릿수의 고양이와 함께 살며 끊임없이 개인구조를 하고 있다. 사비를 들여 치료하고, 잠잘 시간을 쪼개 돌봐서 사람들이 입양하고 싶을 만큼 예쁘고 건강한 고양이로 탈바꿈시킨다.

이쯤 되면 도대체 왜 이러고 사냐고 묻는 사람도 있을지 모르겠다. 아니, 분명 있을 것이다. 돈이 되는 것도 아니고, 알아주는 것도 아닌 일을 왜 하는 걸까? 심지어 싫어하고 방해하는 사람마저 있는 일인데 말이다. 가족이나 친구에게 이해받기 어려운 활동이다. 고양이 구조활동이 장기화되면서 소진 씨는 가족의 반대와 부딪혔다. 가족은 소진 씨가 다소 선을 넘었다고 생각한다. 동물 임시보호에 구조까지 발 벗고 나서는 그녀에게 식구들은 손을 들었고, 소진 씨는 따로 나와서 살고 있다.

구조활동의 어려움은 그뿐만이 아니다. 거의 늘 있는 사람 간의 갈등, 야근이나 휴일근무, 장기출장에 난색을 보일 때가 잦아 직장에서도 눈칫밥을 먹곤 한다. 그리고 경제적인 어려움도 있다. 급여를 제대로 자신에게 써보지 못한 지 오래다. 병원비로 급여를 그대로 다시 송금하게 될 때도 있다. 부모님께는

"최면에 걸린 듯"
안아 들고 치료해서 떠나보내고,
또다시 안아 들기를 반복한다.

부족한 딸, 형제들에게는 고개를 젓게 되는 골치 아픈 손위가 되었다.

무엇보다 가장 힘든 것은 누적된 피로감이다. 신체적으로도 심리적으로도 또 경제적으로도 도무지 언제 좋은 시절이 오는지, 끝이 있기는 한지 알 수 없는 현실이 어깨를 짓누른다. 애써 치료하고 돌봐서 입양 보내고 돌아서면, 그 자리에 다시 구조하고 돌봐야 할 다른 생명이 들어와 있다. 힘들지 않냐는 질문에 그녀 역시 힘들다고 말한다. 구조를 할 때면 "이번이 마지막"이라고 늘 다짐한다고. 하지만 아픈 생명을 보면 지나칠 수 없는 것이 소진 씨의 현실이다. 그것을 그녀는 마치 "최면이라도 걸린 듯"이라고 표현했다.

고마워요, 미안해요

해루의 사연을 보면서 처음 보호소 고양이에 관심을 가지고 입양하려 했던 달콩이 때가 다시 떠올랐다. 주말에 오기로 하고는 범백이 발병해 떠나버렸던 그 아이. 달콩이의 입양책임비는 3만원이었다.

지영 씨는 달콩이를 데려다주지 못했으니 환불해주겠다고 했고, 나는 부족하지만 달콩이 화장하는 데 써달라고 부탁했다. 동물사체가 폐기물로 분류되어 쓰레기봉지에 들어간다는 이야기[14]를 본 적이 있어서였다. 그러면서 내가

---

14 2016년 현재, 동물의 사체 처리는 폐기물관리법에 따르며, 그 방법은 동물병원에 의뢰하여 '의료폐기물'로 소각 처리하는 것과 쓰레기봉투에 넣어 '생활 폐기물'로 매립 혹은 소각 처리하는 것이 있다. 세 번째가 2016년 법 개정으로 가능해진, 허가받은 동물 장묘업체에 의뢰하는 방법이다. 그 외의 임의 소각이나 매장은 불법이다.

입양 의사를 밝힌 후 들어갔던 병원비를 드려야 할 것 같은데, 어떻게 하면 좋겠느냐고 물었다. 지영 씨는 병원비는 자신이 감당해야 할 몫이라며 극구 사양했다. 그러면서 오히려 책임비를 화장비로 써달라는 내 말에 감동했다며 고맙다고 했다. 당시 사정이 그렇게 좋지 않았던지라 못 이기는 척 병원비를 전달하지 않았지만, 그 일은 내내 미안함으로 남아 있다. 지영 씨라고 해서 어디에선가 돈이 공짜로 샘솟지는 않을 텐데, 내 사정만 챙긴 것 같아서.

지금도 어딘가에서는 아프고 굶주린 고양이가 울고 있을 것이다. 그리고 그 고양이를 발견해 구조요청을 하는 사람, 병원에 옮겨주는 사람, 돌봐주고 병원비를 내는 사람, 주변에 알리는 사람, 임시보호를 하며 성격을 파악하고 사람과 더 친밀해지도록 돕는 사람, 입양글을 올리고 입양처를 구해 이동까지 책임지는 사람 등, 셀 수 없이 많은 활동가와 봉사자가 있을 것이다. 이 모든 봉사와 활동은 대부분 각자의 사비를 기반으로 한다. 많은 활동가와 봉사자가 자기 시간과 자기 돈을 써서 구조하고 치료해서 입양을 보낸다.

과연 활동가들이 언제까지 자신의 통장을 허물어가며 병든 고양이를 치료하고, 자신의 건강과 시간을 바쳐 돌봐야 하는 것일까. 그리고 그 대가는 오로지 그 고양이가 좋은 입양처를 찾는 것과 그곳에서의 안녕으로 그쳐야 하는 것일까. 입양 간 아이가 잘 살기만 하면 그것으로 보답이 되는 것은 활동가에게 너무 가혹하지 않은가.

아무도 활동가에게 그 일을 강제하지는 않았다. 좋아서 하는 일에 무슨 보답이며 대가냐고 반문할 사람이 있을지도 모르겠다. 하지만 그들이 있기에 안락사나 철장 속 자연폐사의 수순을 밟을 생명이 새 삶을 얻고, 누군가의 집에

이 . 많 . 은 . 고 . 양 . 이 . 는 . 어 . 디 . 에 . 서 . 왔 . 을 . 까 .

서 가족으로 살아갈 수 있었다. 다른 사람보다 행동력이 좀 더 있다는 이유만으로 갖은 부담을 온전히 활동가가 다 감당해야 하는 구조는 문제가 있지 않을까? 유기동물 구조와 보호, 입양에 대한 보다 근본적인 의문이 필요한 것은 아닐까?

4. 길 위의 천덕꾸러기, 코숏

 "길 위의 천덕꾸러기"라고 쓰면서도 코끝이 찡하다. 활동가의 구조활동을 쭉 훑어가다 보면 가장 흔히 볼 수 있는 아이가 한국 참고양이, 한국 토종 고양이 등으로 풀어 쓰기도 하는 코숏이다. 지금은 '코숏'이나 '길고양이'라는 명칭이 알려졌지만, 불과 몇 년 전만 해도 길 위의 고양이는 모두 '도둑고양이'였다. 아직도 고양이에 관심이 없거나 고양이를 좋아하지 않는 사람들은 도둑고양이라고도 부르는 그 아이들. 가장 흔하고, 가장 많이 죽는다.

 혹자는 코숏은 원래 애완용으로 브리딩 되지 않았기 때문에 실내반려묘로 적합하지 않다고도 하고, 혹자는 천성적으로 야생성이 강하고 사납다고도 한다. 과연 그럴까? 그런 '혹자'에게 보여주고 싶은 사례를 소개해보려고 한다.

이 . 많 . 은 . 고 . 양 . 이 . 는 . 어 . 디 . 에 . 서 . 왔 . 을 . 까 .

🐈 당신을 믿어도 됩니까?

2011년 겨울, 소진 씨는 달콤이를 논현동의 닭집에서 처음 만났다. 첫인상은 친화적이지도 매력적이지도 않았다. 구조되는 대부분의 고양이가 먼저 다가와 음식이나 손길을 구걸하는 것과 달리 사람의 손길을 바라며 몸을 부비거

날카롭고 사나웠던 달콤이는 편안하고 안전한 장소를 찾는 순간 놀라운 넉살과 세상에 둘도 없을 친화력을 가진 고양이로 변했다.

나 먼저 다가와 발라당 눕지 않았다. 경계하는 기색이 완연했고, 소진 씨를 대하는 태도는 사나웠다.

야생화된 길고양이를 구조해서 집으로 들이는 것은 고양이와 사람 모두에게 불행한 일이 될 수 있다. 야생화된 고양이는 이미 자신이 돌봐야 할 영역이 있고, 그 안에 자신의 무리가 있을 가능성이 높다. 또한 너른 산야를 누비던 개체를 좁은 철장과 인간의 집에 가두는 것은 고문에 가까울 수 있다. 그 때문에 보호소가 아닌 길에서의 구조는 늘 조심스럽다.

소진 씨 역시 사람을 기꺼워하지 않는 달콤이를 구조해야 할지 확신이 들지 않았다. 하지만 취객들의 발길에 채이면서도 닭뼈를 허겁지겁 먹는 모습에 그냥 돌아설 수가 없었다. 구조 과정은 소진 씨의 걱정대로였다. 달콤이는 성질을 있는 대로 부리며 발톱과 힘 자랑을 제대로 했다. 그 덕분에 소진 씨는 얼굴에 상처까지 입었다.

포획 후, 이동하면서 순화하는 것이나 입양 보내는 것이 쉽지 않을 것 같다는 생각에 한숨이 났다. 하지만 이제까지의 걱정이 무색하게도, 그렇게 사나웠던 아이는 소진 씨의 집에 들어서자마자 순한 고양이로 돌변했다. 마치 이 집에서 10년은 족히 산 아이처럼 침대로 냉큼 올라가 앉았고, 잔뜩 털을 세우고 손톱을 날려대놓고는 소진 씨의 옆에 누워서는 요란하게 골골거리며 잠이 들었다. 집에 입성한 후로 단 한 순간도 옆을 떠나지 않으려고 했으니, 이렇게 바뀌어도 되나 싶을 정도로 급속한 변화에 얼이 빠질 지경이었다.

남이 하는 이야기로 들었더라면 거짓말이라고 할 정도로 달콤이는 완벽히 다른 고양이가 되었다. 처음 만났을 때는 영락없는 야생고양이 같았던 달콤이

입양자 집에서의 달콤이가 느긋하게 낮잠을 자고 있다. 아마도 대부분의 사람들이 부러워할 상팔자적인 모습. 닭뼈로 연명하고 발톱질에 침 좀 뱉던 과거는 전혀 읽히지 않는다.

는 어째서 순식간에 안면을 바꿔 나긋하고 친화적인 고양이가 되었을까? 달콤이의 정체는 무엇이었던 것일까?

야생고양이는 기본적으로 사람을 피하려는 성향이 있기 때문에 눈에 잘 띄지 않고, 음식을 구걸하며 사람이 오가는 밝은 곳으로 다가오는 경우가 별로 없다고 활동가들은 말한다. 고양이에게 친절한 사람보다는 해치려는 사람이 많은 것을 그들도 알기 때문[15]이다. 달콤이처럼 사람 주변을 맴도는 고양이 중

---

15 경험이 많은 캣맘은 가능하면 밥을 주는 고양이가 손타지 않도록 조심하라고 당부한다. 캣맘 때문에 사람에 대한 경계를 내리고 먼저 다가섰다가 피해를 입을 수 있기 때문이다. 수

다가가려고 하면 사납게 굴면서 공격성을 보이는 경우는 대개 사람이 무섭고 자신을 해칠 것이라는 공포를 가지고 있다. 하지만 일단 이 사람이 자신을 해치지 않는다는 것을 인지하고 난 후에는 대부분 안정을 찾고 제게 주어진 안락한 공간을 사랑하게 된다. 달콤이처럼 말이다.

길에서 도대체 뭘 얻어먹고 다닌 건지, 달콤이는 한동안 상상을 초월하는 지독한 방귀 냄새로 깊은 인상을 남긴 후 평생 살 집을 만났다. 고양이 반려를 결심한 소진 씨의 지인이 그 주인공이었다.

입양자 생애 첫 고양이가 된 달콤이는 새 집에 가서도 발군의 적응력으로 금세 입양자의 마음을 사로잡았다. 낯가림 따위는 해본 적도 없다는 듯, 소진 씨 껌딱지였던 것과 마찬가지로 입양자의 뒤를 졸졸 따라다니며 입양자의 모든 공간과 시간을 함께 나누려고 했다. 입양자 역시 달콤이의 입양일을 생일로 정해 매년 케이크까지 마련하고 기념한다. 구조자가 바라는 아름다운 결말이다.

🐈 사나운 고양이에게 필요한 건 시간뿐

달콤이가 입양 간 지 1년이 지났을 즈음, 소진 씨는 한 보호소에서 차마 외면할 수 없었던 어미 고양이를 만났다. 좁고 더러운 철장 속에서도 새끼를 살리겠다고 젖을 물리고 있는 고양이였다. 죽음이 목전인데도 새끼를 살리려는

많은 길고양이 학대 사건이 친화적인 길고양이에게 어떤 일이 일어나는지를 보여준다.

이 . 많 . 은 . 고 . 양 . 이 . 는 . 어 . 디 . 에 . 서 . 왔 . 을 . 까 .

그 마음을 외면할 수 없어 새끼와 함께 데리고 나왔지만, 결과는 그리 행복하지 않았다.

보호소에서도 상당히 예민했던 이 어미고양이는 구조 과정을 겪으면서 극도의 공격성을 보이게 되었다. 사람이 근처에만 가도 심하게 경계하며 위협적인 소리를 내고 으르렁거렸다. 길 위에 있다가 보호소로, 보호소에서 다시 소진 씨의 집으로 단기간에 이어졌던 급격한 환경 변화를 감당하기 어려웠을 수도 있고, 보호소에서 나온 지 얼마 되지 않아 새끼 세 마리 중 둘을 잃어서 그런 것일지도 몰랐다. 성격과 태도가 변하게 된 데는 다양한 이유와 가능성이 있었지만, 한 가지는 아주 확실했다. 이런 태도와 성격은 입양에 상당히 불리했다.

보호소 철장 안에서 새끼를 돌보고 있던 새콤이. 이렇게 돌봤던 어린것 셋 중 둘을 잃은 후 새콤이는 더욱 사나워졌다.

달콤이의 입양자가 둘째로 들인 새콤이. 믿음을 가지고 서두르지 않으며 다가간 입양자의 노력 덕분일까? 사람보다는 고양이를 좋아하는 것은 여전하지만, 새콤이는 이제 경계심을 많이 내려놓고 편안한 삶을 살고 있다.

이 . 많 . 은 . 고 . 양 . 이 . 는 . 어 . 디 . 에 . 서 . 왔 . 을 . 까 .

소진 씨 역시 그 사실을 충분히 알고 있었다. 평생 끼고 살아야 할지도 모른다는 생각도 가슴 한구석에 확신 비슷한 형태로 자리했다. 하지만 보호소에서 마지막 순간에 벗어날 수 있었던 것처럼, 이번에도 행운이 따랐다.

소진 씨가 달콤이 입양자이기도 한 지인에게 이 어미고양이 이야기를 걱정스레 했더니, 마침 둘째 고양이를 들일 계획을 하고 있었다는 이야기를 한 것이다. 지인은 "시간이 지나면 마음을 열어주겠죠."라는 현실에서 듣기 어려울 것 같은 말을 하며 이 어미고양이를 식구로 맞아주었다. 그리고 달콤이의 자매로 딱 어울리는 새콤이라는 이름도 지어주었다.

새 집에 간 후로 몇 달 동안이나 새콤이의 태도는 변하지 않았다. 밥은 먹고 화장실도 제대로 가리지만, 새로 만난 사람에게 얼굴도 제대로 보여주지 않았다. 그러니 입양자가 새콤이를 만지는 것은 물론, 많은 애묘인들이 바라는 골골송이나 꾹꾹이, 발라당 같은 것을 보는 일은 꿈도 꿀 수 없었다. 하지만 달콤이가 그랬듯, 시간이 지나면서 이 사람들이 자신을 해치지 않는다는 것을 이해하기 시작한 새콤이는 조금씩 스스로 다가왔고, 차츰 이 가족에 스며들었다. 이제는 새콤이 역시 당당한 가족의 일원이 되어 행복하지만 다소 내성적이고 수줍은 고양이로 잘 살고 있다.

이처럼 기다림과 배려는 사람 사이에서만 필요한 것이 아니다. 사람과 고양이는 서로 다른 언어를 쓴다. 우리가 하는 말을 녀석들은 알아듣지 못하고, 고양이가 하는 말을 사람 역시 이해하지 못한다. 사람과 고양이는 서로 문화도 생활 방식도 삶의 법칙도 다르다. 이런 둘을 잇는 데 필요한 것은 오직 시간과 배려뿐이다.

"우린 널 해치지 않을 거야."

사람의 이 마음이 고양이에게 닿을 때까지, 우리는 고양이에게 시간을 주어야 한다.

🐈 그래도 환하고 따뜻한 곳에서

모든 구조가 이렇게 해피엔딩이라면 참 좋겠지만, 그렇지 않은 경우가 훨씬 더 많다. 소진 씨가 수원에서 구조한 화니도 그런 사례 중 하나였다. 수원의 한 병원에서 올린 안락사 공고를 본 소진 씨는 마지막 날 급하게 차까지 빌려 화니를 데리러 갔다.

당시 화니의 안락사를 진행하려 했던 병원에서는 화니의 상태가 좋지 않다고 보내기를 꺼렸지만, 소진 씨는 화니가 그 밤을 넘기지 못한다 해도 무관심 속에 안락사 되기보다는 관심을 가지고 지켜보는 사람이 있다는 걸 느끼며 떠나는 것이 좋겠다고 생각했다. 소진 씨의 주장에 병원은 주저하며 화니를 인도했다.

안락사를 벗어난 화니는 보름 동안 두 곳의 병원을 거쳤다. 화니를 보호하고 있던 병원의 말대로 화니의 건강은 그다지 좋지 않았다. 간이 정상치보다 많이 부어 있었는데, 병원에서의 치료와 처방으로도 수치가 정상화되지는 않았다. 하지만 간 외에는 아무 이상이 없었다.

태양처럼 화사한 황금색 털을 가진 고양이였던 화니는 장난을 좋아하고 사

이 . 많 . 은 . 고 . 양 . 이 . 는 . 어 . 디 . 에 . 서 . 왔 . 을 . 까 .

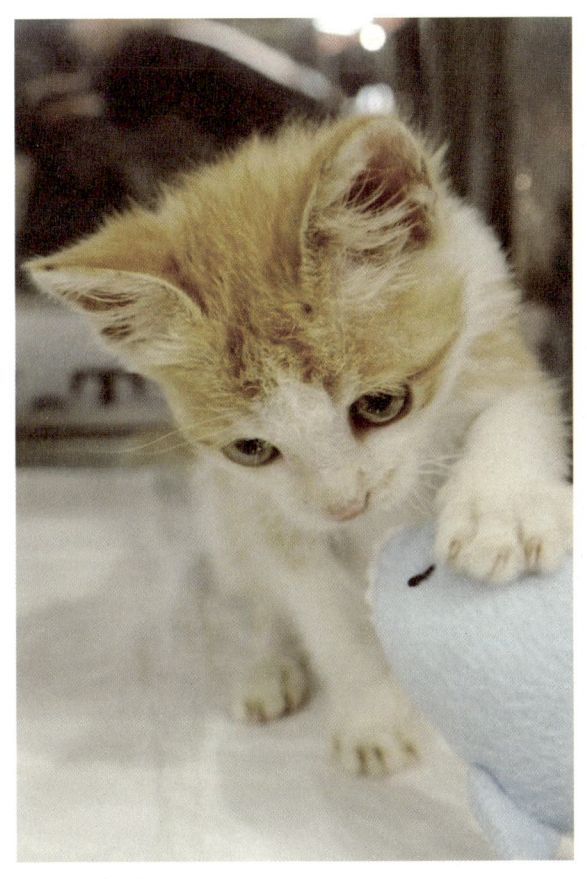

병원에서의 화니. 아픈 데라고는 없는 듯 활발하고 경쾌하게 움직였다.

랑스러웠으며 참 작았다. 그리고 여느 새끼고양이처럼 잘 놀았고 잘 먹었다. 사람의 손길을 그리워하고 사람이 놀아주길 바라는 화니를 병원에 홀로 두고 오는 것 역시 못할 짓이었다.

가야 한다면 부디 환하고 따뜻한 곳에서 사랑과 관심을 받으며 떠나기를. 화니에게 손을 내민 것은 그 이유 하나였다.

이 . 많 . 은 . 고 . 양 . 이 . 는 . 어 . 디 . 에 . 서 . 왔 . 을 . 까 .

의료진과 소진 씨는 더 이상의 병원 생활은 무의미하다는 결론에 이르렀고, 입양을 추진했다. 입양공고를 올린 지 얼마 지나지 않아 화니의 사랑스러움에 끌린 한 젊은 부부가 입양을 신청했다.

소진 씨는 화니의 건강 상태와 상황을 솔직하게 설명했다.

"이 아이는 간이 많이 부어 있어요. 정상치의 두 배 정도지요. 또 코로나 바이러스 변이로 복막염이 올 수도 있어요."

어려서 면역력이 낮고, 변수가 많은 상태이니 신중하게 생각해야 한다는 소진 씨의 설명에도 부부는 있는 그대로의 화니를 받아들였다. 그렇게 이 작은 꼬마는 그 부부와 가족이 되었다. 그걸로 행복하게 이야기가 끝났다면 얼마나 좋았을까. 하지만 화니의 행운은 거기까지였다. 입양 간 지 사흘째 되던 날, 화니는 구토와 설사를 하기 시작했다. 부부는 근처 병원을 찾았지만 화니의 상태는 나아지지 않았다. 첫 번째 병원에서는 원인을 찾지 못해 다른 병원으로 옮겨 다시 검사를 했다. 입양 전날까지도 음성이었던 범백혈구감소증의 키트 반응이 양성으로 변해 있었다. 이윽고 코로나 바이러스 변이에 의한 복막염이 급성으로 찾아왔고, 복수가 차올랐다. 화니는 당장 어찌 되어도 이상하지 않을 만큼 급속도로 기력을 잃었다.

세상에 태어난 지 3개월 남짓 사람 곁에 머물렀던, 주사를 놓는 손길에도 골골거리며 장난치고 좋아했던, 보는 사람마다 이런 고양이는 처음 봤다고 할 정도로 애교가 많았던 화니는 2012년 11월 15일에 아프고 무거운 몸을 내려놓고 하늘로 돌아갔다.

화니의 사례에 대해서는 다양한 의견이 있을 수 있을 것이다. 하지만 하나

확실한 것은 소진 씨가 안락사 시행 전에 화니를 데리고 나왔던 그 첫 뜻은 지켜졌다는 점이다. 화니는 구조자와 입양자 모두의 따뜻한 관심과 뜨거운 눈물 속에서 세상을 떠났고, '화니'라는 이름으로 그들의 가슴에 남았다.

입양할 때는 코숏, 버릴 때는 도둑고양이

동물보호소에 다니는 활동가의 행적을 좇다 보면, 보호소에도 반복되는 일종의 양식과 주기가 있다는 것을 알게 된다. 늦봄이 되면, 새끼고양이가 밀려 들어오기 시작한다는 것도 그중 하나이다. 기온이 높아지면 길고양이들의 발정과 출산이 개체별로 시기를 달리해서 반복되기 때문이다. 갓 태어난 핏덩이부터 겨우 걷기 시작하는 젖먹이까지, 다양한 단계의 새끼들이 보호소로 들어온다. 중요한 것은 그맘때가 가장 연약하고, 어미의 손길이 많이 필요하며, 많이 죽는 시기라는 점이다. 그래서 매년 고양이 구조활동가의 집은 너나 할 것 없이 어미 잃은 새끼고양이로 넘쳐난다. 개인구조를 하는 지영 씨의 집 역시 그랬다. 그 중에 막둥이와 별이가 있었다. 탯줄도 안 떨어진 상태로 대전 보호소에 입소했던 막둥이는 지영 씨의 지인 집에서 시간마다 고양이 분유를 먹으며 컸고, 별이는 지영 씨 집에서 이유식을 하며 피부병과 호흡기 질환을 이겨내고 있었다.

이유기가 되어 지영 씨의 집으로 온 막둥이와 앓고 있던 감기와 피부병을 가까스로 떼어낸 별이가 어느 정도 고양이 태가 나고 예뻐지자 지영 씨는 입양을 서둘렀다. 어린 개체들은 대개 면역력이 취약해 서로 병을 옮기거나 옮

입양 가기 전의 별이. 소심하고 사람에 조심스러웠던 별이는 지영 씨에게 조금은 아픈 손가락이었다.

겨 받기 때문에, 많은 고양이가 오가는 지영 씨의 집은 좋은 거주지가 되기는 어려웠다. 물론 한창 예쁘고 귀여워 입양이 잘 되는 새끼고양이일 때에 좋은 반려인을 찾아주고 싶다는 생각도 있었다.

 지영 씨의 예상대로 어리고 귀여운 두 새끼고양이에 대한 입양문의는 다 큰 고양이 때와 달리 꽤 많았다. 그중에서도 당시 20대 중반이었던 한 학원강사의 입양문의에 마음이 움직였다. 오랫동안 가족과 함께 키웠던 페르시안 고양이를 먼저 하늘로 보낸 경험이 있다는 반려동물 경험 소개글, 전화 통화에서 느껴졌던 맺고 끊음이 분명한 태도와 어조에 믿음이 갔다. 입양신청을 하면 많은 구조자가 동물을 키운 경험과 가족의 동의 여부를 묻는다. 사진이나 동영상, 책으로 간접경험하는 동물과 실제 동물의 간극은 폭력적일 정도로 클 수 있기 때문이다. 동물의 냄새, 털, 소음, 활동량, 성격, 건강 상태 등은 인간의 모든 삶에 영향을 끼친다. 동물은 사랑스러운 만큼 불편하고 불쾌할 수도 있다. 가족구성원의 동의와 동물 반려 경험 여부는 그 때문에 매우 중요하다. 이 신청자는 제일 중요한 이 두 가지를 충족시켰다.

거주지에서 꽤 먼 지역이었지만, 지영 씨는 이 사람을 믿고 두 어린 고양이를 보내기로 결정했다. 별이와 막둥이를 데리고 직접 신청자의 집으로 가서 신청자를 만나 대화도 하고 환경도 둘러보았다. 문제가 될 부분은 없어 보였다. 그래서 지영 씨는 마지막으로 잘 키우겠다, 혹시 못 키울 상황이 되면 연락해서 돌려보내겠다는 내용이 포함된 입양계약서를 작성했다.

환경을 직접 확인하고, 입양계약서를 작성하는 것 외에 구조자가 더 할 수 있는 일은 사실상 없다. 인간 사이에서 일어나는 일의 가장 아름답지만 불행한 부분은 최종 순간에는 어쩔 수 없이 상호신뢰에 기대야 한다는 점이다. 입양자가 이 생명을 책임감과 사랑을 가지고 잘 돌보고 마지막 순간까지 함께 할 것이라고 '믿는' 수밖에 다른 방법이 없다. 사람에게 책임감과 사랑을 강제할 수 있는 방법 같은 건 아직 없으니 말이다. 지영 씨는 별이와 막둥이가 새로운 가족과 남은 삶을 잘 살 것이라 믿으며 발걸음을 돌렸다.

그 믿음은 틀리지 않은 것 같았다. 입양자는 두 고양이의 모습을 인터넷 커뮤니티 게시판에 올리거나, 이메일로 사진을 보내주며 꾸준히 소식을 전했다. 회사 일만으로도 벅찬 일상에 열 손가락으로 꼽고도 넘치는 수의 고양이, 늘

시간마다 분유를 먹이고
삐약거리는 입에 이유식을 떠먹이며 살려 냈던 막둥이.
사랑해주는 사람의 옆에서 마지막까지 행복할 것이라 믿었다. 그러나
그런 믿음은 얼마나 쉽게 배신당하는지.

사람 손을 그리워하는 보호소의 동물들, 개인구조로 집에 들어오는 약한 생명들, 반복되는 입양과 파양으로 빡빡하게 들어차 있는 삶 속에서도 지영 씨는 입양자가 주는 소식에 감사하며 안심했다. 그렇게 몇 달이 흘렀다. 언젠가부터 연락이 뜸해졌다.

입양 후에도 꾸준히 정보 요청을 하는 구조자를 불편해하는 입양자가 간혹 있다. 간섭이라고 생각하거나 의심받는 것 같다며 불쾌해하기도 한다. 하지만 입양자를 불편하게 하더라도 입양 보낸 생명의 안녕을 확인할 필요와 의무가 구조자에게는 있다. 지영 씨 역시 그런 생각으로 용기를 내서 별이와 막둥이의 최근 소식과 사진을 부탁한다며 먼저 연락을 했다. 입양계약서에 기재되어 있는 매달 연락한다는 조항에 근거한 정보제공 요청이기도 했다. 입양자는 사진은 없이 두 고양이 모두 잘 지내니 걱정 말라는 답변만 보내왔다. 불안해진 지영 씨가 재차 사진을 요청하자, 그제야 사진을 보내왔다. 하지만 사진 속 고양이는 별이와 막둥이가 아닌 비슷하지만 다른 고양이였다.

코숏이라 다 비슷해 보일 것이라고들 생각하지만, 개체별로 분명한 차이가 있다. 그것이 삐약거리는 입에다 이유식을 먹여가며 키운 구조자의 눈에 띄지 않을 리가 없다. 똑같아 보일지 모르는 노란색 무늬라도, 지영 씨의 눈에는 분명히 그 차이가 보였다. 있어야 할 자리에는 없고, 없어야 할 자리에는 있는 노란색 무늬는 지영 씨를 절망하게 했다. 이 두 고양이는 별이와 막둥이가 아니었다.

의심과 불안은 확신으로 변했다. 문제가 생긴 것이다. 사실대로 말해 달라고 부탁했지만, 입양자는 연락을 피하며 부탁을 들어주지 않았다. 결국 지영

이 . 많 . 은 . 고 . 양 . 이 . 는 . 어 . 디 . 에 . 서 . 왔 . 을 . 까

씨는 경찰서에 진정서를 제출해 유기죄 여부를 밝혀달라고 요청했다. 그리고 행방이 묘연해진 두 고양이를 찾기 위해서 여러 커뮤니티에 두 고양이의 사진과 함께 글을 올려, 혹시 보호 중이거나 목격한 사람이 있는지 알아보기 시작했다.

얼마 후, 지영 씨는 입양처 인근에서 사람을 무척 따르는 길고양이를 발견해 보호 중이라는 사람의 글을 보았다는 지인의 연락을 받았다. 별이와 막둥이 전 입양자를 직접 만나 거짓으로 가득한 진술을 듣고 올라가는 기차 안에서였다. 그 사람이 올려놓은 사진을 보는 순간, 지영 씨는 그 고양이가 막둥이임을 알았다. 그 자리에서 바로 찾으러 가겠다며 연락을 하고, 다음 역에서 내려 길을 되짚어갔다. 한걸음에 달려간 그곳에는 "우리 집에 멀쩡히 잘 있다니까요!"라고 전 입양자가 주장했던 막둥이가 있었다.

발견자는 막둥이를 수개월 동안 보호했다며, 사람에게 친화적이고 애교를 부리며 몸을 부벼대기에 외면할 수 없었다고 했다. 어릴 때부터 사람을 좋아하고 천역덕스러웠던 막둥이는 사람에게 다가가서 음식을 달라고 조르기도 하도 애교라도 부려 다시 만날 수 있었지만, 별이는 달랐다. 어릴 때부터 별이는 소심했으며 조심스러웠다. 그래서인지 별이에 대한 소식은 그 이후로도 들려오지 않았다. 야생화되어 사람 눈을 피해 다니는 것인지 아니면 나쁜 이유가 있는 것인지 알 수는 없었다. 길로 나서게 된 정확한 시점이나 지역만 알아도 좀 더 집중적으로 찾아볼 수 있었겠지만, 그런 정보조차 지영 씨는 얻을 수 없었다.

속이 타들어가는 심정으로 몇 번이나 입양자에게 버린 시점과 지역만이라

생의 마지막 순간까지 함께 해줄 사람을 찾아주리라 다짐했다.
그러나 이제는 소식조차 알 수 없는 별이.
여전히 아픈 손가락, 낫지 않는 상처, 마음으로 품은 새끼.

도 정확히 알려달라고 했지만, 입양자는 끝까지 유기한 적이 없다고 주장했다. 그리고 오히려 도둑고양이 하나 가지고 왜 난리냐고, 업무를 방해한다며 역정을 냈다. 그렇게 지영 씨는 별이의 손을 놓치게 되었다. 별이에게 쏟았던 지영 씨의 시간과 노력, 애정과 돈, 수고가 "도둑고양이 하나로 부린 난리"로 폄하되며 물거품으로 변해버렸다.

가슴 아프지만 전혀 없는 일은 아닌 유기 사건을 또 한 번 겪으며, 지영 씨는 그래도 다시 손을 잡을 수 있게 된 막둥이를 살폈다. 8개월 만에 다시 집으로 돌아온 막둥이는 입양 갈 때의 뽀송뽀송하고 발랄하던 아깽이[16]의 모습이 아니었다. 발정이 심하게 와 있었고, 영역 표시를 하느라 오줌을 뿌려대서 지린내도 아주 심했다. 거기다 아주 독한 감기까지 걸려 콧물을 줄줄 흘리고 있었다. 일단 좀 불편하더라도 감기를 떼는 게 우선이었다. 감기 치료가 끝나자 중성화 수술까지 마쳤다. 그사이 살도 좀 오르고 다시 그럭저럭 예쁜 고양이가 되었다.

그리고 지영 씨는 다시 선택의 기로에 섰다. 입양을 보내는 것과 입양을 하는 것. 집 안 가득 오글오글 모여 있는 다른 고양이들을 생각하면 보내야 하는 게 옳았다. 새로 구조하는 고양이가 없다고 해도 이미 묘구밀도는 지나치게 높았다. 그리고 앞으로도 외면하지 못하고 구조할 고양이가 없을 것이라고 상

---

16 애묘인 사이에 사용하는 은어로, 새끼고양이를 이르는 말이다. 태어난 지 얼마 되지 않아 젖을 먹어야 하는 새끼고양이는 '꼬물이'라고 부르는데, 인공수유를 받았던 상태의 별이와 막둥이를 '꼬물이'라고 부를 수 있다. 거기서 조금 더 자라서 걷고 뛰고 장난을 칠 수 있게 되면 '아깽이'가 되고, 그 다음이 '청소년묘', 발정이 오고 성장이 마무리되면 '성묘'라고 부른다.

배신당하고 버려져도
먼저 다가서고 다정히 몸을 맞대며
내민 손을 다시 잡아주었다.

담할 수도 없었다. 하지만 '다시 새로운 가정에 입양 보낼 수 있을까?'라는 커다란 질문 앞에서 움츠러들 수밖에 없었다.

일단 처음 입양 보낼 때처럼 예쁜 새끼고양이가 아니었다. 게다가 막둥이에게는 지병까지 추가된 상태였다. 처음 보호소에서 데려왔을 때처럼 정성을 다해 보살폈지만, 심했던 감기는 완전히 치료가 되지 않은 채 만성 천식에 콧물로 남아버렸다. 무엇보다 지영 씨에게는 (아마 막둥이에게도) 상처가 남아버렸다. 사람에 대한 믿음도 얼마간 잃어버렸지만, 혹시라도 입양이 된다 해도 막둥이가 또 버려진 것이라고 생각할까 걱정스럽기도 했다.

막둥이가 또다시 새로운 이름으로 불리는 것을 납득하고 받아들일 수 있을까? 고민 끝에 지영 씨는 막둥이를 자신이 입양했다. 유난히 작고 말라서 막둥이라고 불렀던 그 고양이는 이제 이름과는 전혀 어울리지 않는 건장한 아저씨가 되었다. 그래도 그때 그 사랑스러운 성격은 여전해서 지영 씨에게 자주 애교를 부린다. 그럴 때면 지영 씨는 "네가 이렇게 애교가 많아서 길거리에서도 사람에게 구걸하며 살았구나. 참 고마워."라고 말한다.

시작도 끝도 항상 사람

막둥이와 별이를 돌봐서 입양 보냈던 지영 씨는 30대의 평범한 여성이다. 특이한 점이라면 좀 많은 수의 고양이와 살고 있고, 2011년 천안 보호소 봉사를 시작으로, 봉사 모임을 운영했으며, 거주지 인근 길고양이들에게 밥을 주고, 고양이와 강아지의 임시보호와 입양 진행을 한다는 점 정도일까?

고양이 비대성 심근증(HCM)으로 파양된 보리(좌)와 그의 유일한 친구인 렐라(우).

 어떤 이유로 이 끝이 없는 일을 시작했는지 궁금했다. 대단한 사명감이나 가슴 뜨거운 사랑과 연민 때문이었을까? 하지만 지영 씨의 시작은 의외로 평범한 동물애호가였다. 펫숍에서 데려온 첫째 때문에 찾은 고양이 커뮤니티에서 우연히 부산시 동물 보호소 봉사자의 글을 본 것이 시작이었다. 보호소의 존재도 몰랐던 지영 씨에게 봉사자는 경이와 존경, 의아함이 뒤섞인 존재였다.

 얼마 후, 커뮤니티에 거주지 인근 보호소에 봉사를 가보자는 게시글이 올라

이 . 많 . 은 . 고 . 양 . 이 . 는 . 어 . 디 . 에 . 서 . 왔 . 을 . 까 .

왔고, 참여 신청을 했다. 이때까지도 가벼운 마음이었다. 하지만 처음 방문한 보호소의 상황은 충격 그 자체였다. 가로 40센티미터 세로 60센티미터인 작은 철장 안에 네댓 마리의 고양이가 몰려 들어가 있었고, 한 발만 잘못 움직여도 철장의 성긴 구멍 사이로 발이 빠지는 일이 반복되고 있었다. 한 발 내딛는 것이 불안한 그 환경은 그야말로 보호소에서의 삶을 그대로 표현하는 것 같았다. 고양이의 생태와는 완벽하게 유리된 환경이었다. 분변처리와 위생상태 역시 눈뜨고 볼 수 없는 지경이었다. 이 충격적인 모습은 지영 씨를 아주 빠르게 개인 활동가의 길로 이끌었다.

처음 시작할 때만 해도 지영 씨는 이 일이 이렇게까지 어려울 것이라고는 생각지 못했다고 한다. 밤낮 상관 없이 수시로 전화와 문자 연락을 주고받아야 하고, 아픈 동물을 돌볼 때면 응급으로 병원을 가야 하는 일도 잦았다. 주말에는 봉사 때문에 여가를 즐기거나 쉴 틈도 없었다. 그녀는 "회사원이라면 적극적인 동물 구조활동은 말리고 싶어요. 한번 시작하면 중단하기도 쉽지 않아요."라고 했다.

그녀 역시 독립해 살고 있는데, 가족 중에 고양이 털 문제로 힘들어하는 사람이 있었기 때문이다.

동물을 키우는 사람이라면 누구나 그렇듯, 휴가나 명절 기간에도 집을 오래 비울 수 없다. 그러다 보니 종종 가족과 동물, 친구와 동물 중 선택을 해야 하는 상황을 마주하게 된다. 대개는 아무래도 혼자서는 할 수 없는 게 많은 동물의 손을 들어준다. 지영 씨는 돌보는 개체 수가 많기도 하고, 아픈 아이도 있다 보니 부모님을 서운하게 하는 경우가 잦다고 한다. 다행스럽게도 가족은 그녀

도둑고양이 따위로 난리 부린다 매도당해도
무조건 구조하지 않는다 비난받아도
이 모습이 있어 다시 힘을 얻었다.

를 이해해준다. 다만 더 이상 구조는 하지 말았으면 하고 바랄 뿐.

동물 구조를 4년 넘게 했으니, 그간 부침이 얼마나 심했을까. 그만두고 싶었던 적은 없냐고 물었다. 그간의 일들이 아마도 순간에 스쳐갔으리라.

"구조해온 아이가 전염병에 걸린 상태였고, 열심히 치료하고 병원비를 쏟아부었지만 결국 낫지 못하고 죽었을 때, 그 아이의 전염병이 다른 아이에게도 영향을 주었을 때, 구조한 아이 때문에 원래 키우던 아이들이 스트레스 받을 때, 모금을 하지 않는다거나 무조건 구조하지 않는다는 이유로 험담을 들을 때 등등 너무 많습니다. 하지만 한 번도 그만두거나 쉰 적은 없었습니다."

그녀의 대답이다.

"특히 사람들로부터 상처를 받을 때 좌절하게 됩니다. 자기 입장에서만 생각하고 상대방의 고충에 대해서는 관심 없는 태도, 아쉬울 것 없다는 태도가 가장 지치게 하는 것 같습니다. 반면에 서로를 위로하고 다독거려주는 사람도 많이 있어서 다시 힘을 얻기도 합니다."

그렇다. 언제나 시작도 끝도 사람이다. 좋은 일도 싫은 일도 그 시작과 끝에는 항상 사람이 있다.

5. 입양을 보내는 일이란

    동물 구조는 정신적으로도 물리적으로도 많이 지치는 일이다. 누가 시켜서 한 일이 아니라 안타까운 마음 하나로 시작했지만, 꽉 찬 일정과 일로 인한 육체적 피로, 오해나 억측과 비난으로 입는 심리적 상처, 경제적 부담까지 다 감당해야 하기 때문이다. 그렇게 구조하고 돌봐서 살려낸 생명을 입양 보내는 것이다. 구조자와 같은 마음으로, 혹은 그보다 더욱 살뜰하고 애틋하게 보듬고 돌봐주는 입양자도 있지만, 너무도 무책임하고 이해할 수 없는 행동을 하는 입양자도 있다. 그래서 때로는 처참하고 슬픈 결말을 경험하게 되기도 한다. 이 때문에 활동가들은 여러 가지 안전장치를 만들어왔다. 입양계약서, 정기 연락, 개인정보 교환, 책임비 등이 그 예이다. 그 덕분에 입양처에서 자리를 제대로 잡아서 잘 사는 아이도 있지만, 그럼에도 불구하고 '사고'가 발생하는 경우도 적지 않다. 지영 씨가 구조해 입양 보냈던 흰둥이가 그런 경우이다.

🐈 잠시의 방심, 영원한 이별

흰둥이를 처음 만난 곳은 천안 보호소였다. 여름의 초입에 접어든 2011년의 5월, 지영 씨는 뜬장 안에서 발이 빠져 허우적거리면서도 사람을 찾는 어린 것들을 만났다.

당시 보호소를 찾았던 봉사자들은 그 어린 생명을 외면하지 못했다. 아주 어린 것들만도 무려 열 마리였다. 여력이 있는 사람들에게 나누어 돌봄을 부탁한 뒤, 지영 씨는 여섯을 데리고 집으로 와 돌보기로 했다. 깨끗한 물과 불린

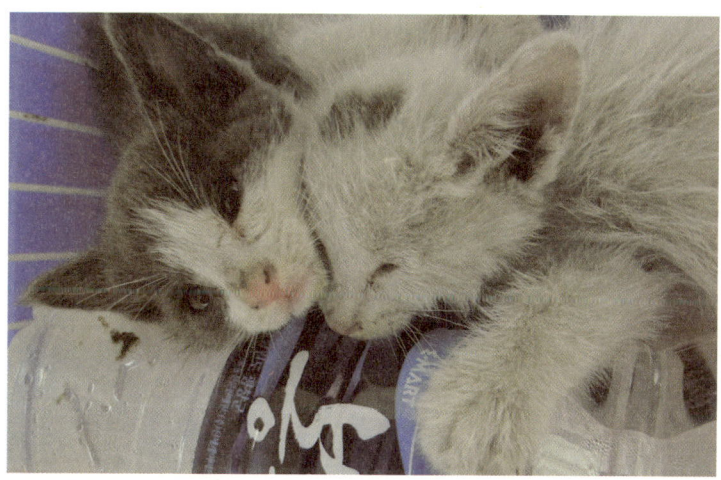

발견했을 당시의 흰둥이와 턱시도 고양이. 온기를 찾아 어미의 품을 파고들 듯, 따뜻한 물병에 기대어 온기를 얻고 있다.

사료, 엄마의 품을 대신할 따뜻한 물을 넣은 병, 안정감을 줄 만한 좁지 않은 상자, 작지만 깨끗한 화장실을 놓아주었다.

흰둥이는 분유를 먹어야 할 정도로 어렸는데, 그마저도 잘 받아먹질 못했다. 흙탕물 범벅이라 본래 털색을 알기도 어려울 지경이었고, 숨도 제대로 쉬지 못하고 맥도 잘 뛰지 않는 새끼고양이였다. 워낙 상태가 불안하다 보니 안정이 될 때까지는 씻기지도 못한 채 눈곱만 떼어주며 상황을 살폈다. 문제는 인공수유였는데, 8시나 되어야 퇴근해 집에 오는 생활이 일상인 지영 씨로서는 이만저만 힘든 일이 아니었다. 그럼에도 불안정한 상태였던 흰둥이는 회색 물방울무늬가 몇 개 멋스럽게 찍힌 새하얀 털옷을 입은 아깽이가 되었다. 더 품고 싶은 마음이야 항상 같지만, 구조하고 돌봐야 할 아이는 많고, 몸집과 골격이 커지면 입양문의도 주는 걸 아는지라 입양을 서둘렀다.

별 어려움 없이 입양처를 찾아 논산으로 떠났던 흰둥이가 10개월쯤 되었을 2012년 2월, 지영 씨는 평소처럼 입양자에게 흰둥이의 안부를 물었다. 간간히 연락을 주고받아왔던지라 갑작스럽거나 당황스러운 연락도 아니었다. 입양자는 아이가 잘 지낸다고만 할 뿐 사진은 보내주지 않았다. 지영 씨가 사진을 부탁하자 몇 장을 보내주었지만, 다 예전 사진이었다. 그간 흰둥이의 탁묘[17]를 해준 적도 있는지라, 흰둥이가 성장하며 변한 모습을 잘 알고 있었던 덕분에 예전 사진인지 알 수 있었다. 불안한 마음에 좀 더 구체적으로 물어보니, 그제

---

17 묘주의 장기 여행이나 이사 등으로 고양이를 돌보기 쉽지 않을 때, 지인이나 업체, 병원 등에 맡기는 일을 말한다. 업체에 맡길 경우에는 '호텔링'이라고 부르기도 한다. 탁묘계약서를 작성하는 경우도 있으며, 탁묘비를 주고받기도 한다.

입양 가기 전의 흰둥이. 흰둥이의 머리에 검정색 물방울무늬가 찍혀 있다.

야 한 달쯤 전에 첫째와 같이 집을 나갔는데, 첫째는 찾았고 흰둥이만 못 찾았다고 털어놓았다.

구조자에게는 가장 억장이 무너지는, 듣기 두려운 소식이었다. 지영 씨는 사고 당시의 정확한 날짜와 분실 정황, 위치, 최근 사진 여부 등을 물었다. 잃어버린 고양이를 찾을 때, 가장 먼저 하는 일이 분실한 날짜와 위치, 최근 사진을 포함한 전단지를 제작하는 일이다. 다니던 동물병원을 포함한 인근 동물병원, 거주지 근처, SNS와 지역 카페 등에 게시해서 목격자나 보호자를 찾기 위해서이다. 분실한 지 오래되지 않았다면, 통상적으로 분실한 장소에서 그리 멀지 않은 곳에 고양이가 있다고 한다. 다만 시간이 흐름에 따라, 기존 길고양이의 텃세나 환경적 위협 때문에 최초 지역을 벗어나게 되거나 로드킬, 독살,

지영 씨 집에서 탁묘를 와 있던 흰둥이. 피부의 접힌 부분이 보일 정도로 짧게 털이 깎여 있다. 소심하고 내성적이며 사람이나 고양이에게 쉽게 다가가지 못하는 흰둥이는 지영 씨에게도 친밀하게 다가오지는 않았다.

불법포획의 희생양이 될 가능성이 높아진다. 그렇기 때문에 전단지 제작과 게시는 빠르면 빠를수록 좋다.

흰둥이가 분실되었던 1월의 논산은 아마도 지독히도 추웠을 것이다. 그런데 흰둥이는 털날림 때문에 미용까지 되어 있었다. 그러니 서식지 이동, 로드킬, 독살, 불법포획에 동사의 위험도 포함해야 할 지경이었다. 잃어버린 지 시간이 너무 지나버린 터라 상황은 막막했지만, 그대로 흰둥이를 포기할 수는 없었다. 당시 개인 구조활동을 시작한 지 얼마 되지 못했던 터라, 입양 보낸 고양이가 유기되거나 분실되는 일을 경험한 적도 없었고, 사라진 고양이를 무작

이.많.은.고.양.이.는.어.디.에.서.왔.을.까.

정 길에서 찾아다녔던 적도 없었다. 그녀의 주변에도 그런 경험을 가진 사람은 없었다. 지영 씨는 다니던 인터넷 고양이 커뮤니티에 도움을 요청했다. 다행스럽게도 손을 내밀어 주는 사람이 몇 있어, 지영 씨는 그들과 함께 급히 만든 전단지를 들고 논산으로 향했다.

흰둥이가 사라져버린 논산에 도착했을 때, 하늘은 얼어붙을 듯 차가운 겨울비를 뿌리고 있었다. 기온은 바닥까지 떨어져 있었고, 바람은 칼날처럼 날카롭고 사나웠다. 지영 씨와 입양자, 도와주겠다고 나선 사람들은 실종 장소인 아파트 주변부터 인근 공터까지를 헤매고 다니며 흰둥이를 찾았다. 빈 공간마다 전단지를 붙이고, 안면도 없는 낯선 이의 대문을 두드려가며 전단지를 나누어주었다. 그러는 사이 어둠이 내려앉았다.

🐈 놓치고 다시 안아 드는 일의 반복

날이 너무 어두워져서 더 이상의 수색은 불가능해졌을 때, 지영 씨는 수색 중단을 결심했다. 눈에 보이는 소득은 없었지만, 더 이상 할 수 있는 일이 없었다. 철수 준비를 하는데, 일행 중 한 조가 마지막으로 한 번만 더 돌아보겠다며 인적이 드문 공터로 내려갔다. 얼마 후, 일행에게서 전화가 걸려왔다.

"의류수거함 안에서 고양이 울음소리가 들려요!"

혹시 흰둥이일까? 심술궂은 누군가가 지나가던 흰둥이를 의류수거함에 집어넣은 것일까? 지영 씨는 현실적으로는 있을 법하지 않은 일을 기대하며 그곳으로 향했다. 미처 도착도 하기 전에 다시 연락이 왔다. 수거함을 뒤집어서 한겨울의 의류수거함 속에서 발견된 은정이.
살려달라고 꺼내달라고 울었던
이 아이는 사람이 매어준 목줄을 하고 있었다.

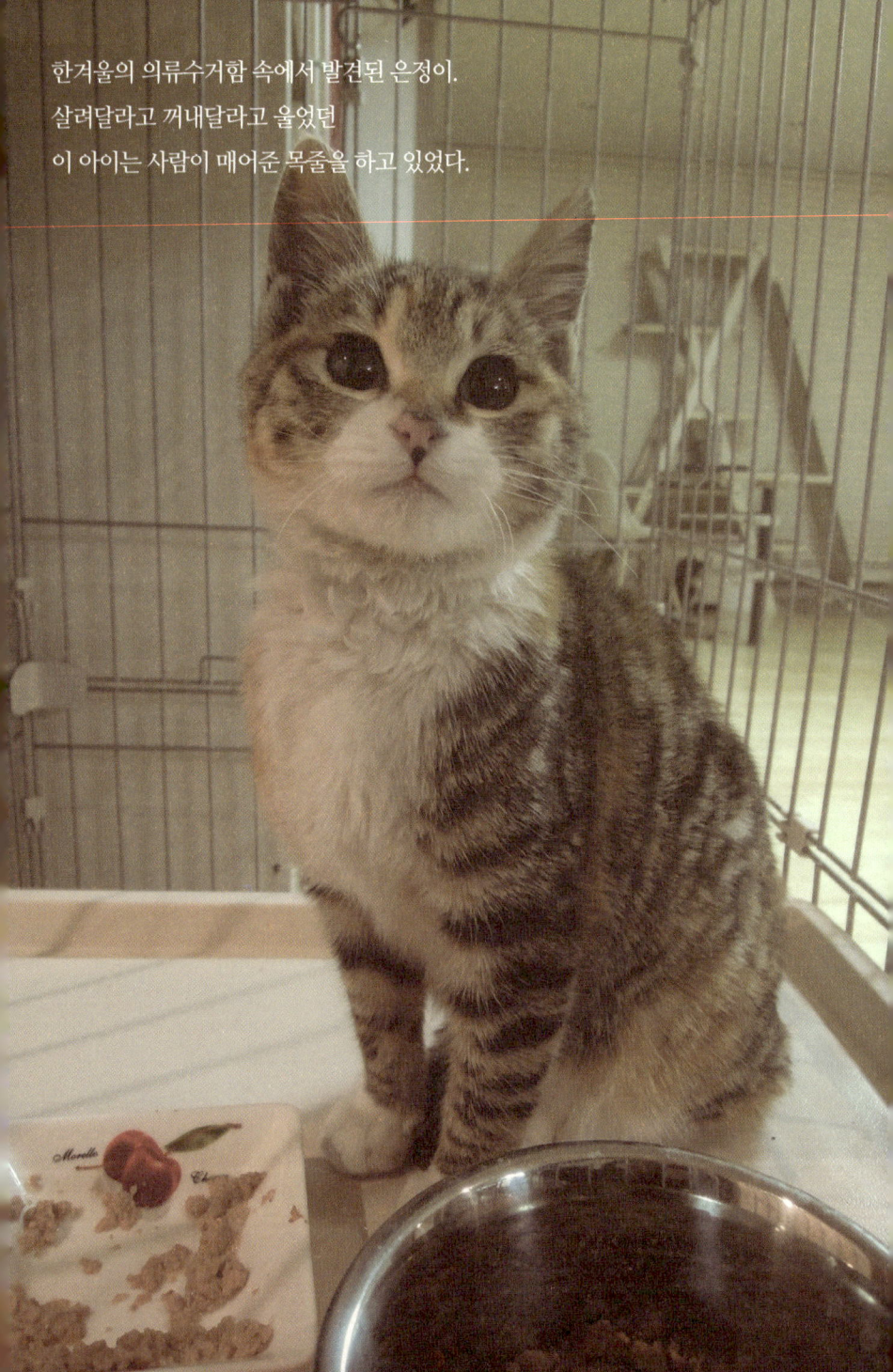

고양이를 꺼냈는데, 다른 고양이였다고 했다. 흰둥이가 아닌 버림받은 다른 고양이 한 마리였을 뿐이었다. 너무 추워 제 발로 찾아들어간 것인지, 누군가 집어넣은 것인지는 알 수 없었다. 제 발로 찾아서 들어갈 수 있을 것 같지 않는 그 의류수거함 속 고양이는 사람이 해준 목줄을 하고 있었다.

기대로 빠르게 뛰었던 심장이 서서히 제 속도를 찾았다. 지영 씨는 그 고양이를 흰둥이 몫으로 가져온 이동장에 넣고, 발걸음을 돌렸다. 흰둥이와의 인연은 거기서 끝이었다. 입양자는 흰둥이를 계속 찾아보겠다고 했지만, 끝내 흰둥이를 다시 만날 수는 없었다.

흰둥이 이야기를 묻자, 지영 씨는 긴 이야기 끝에 "탁묘를 한 뒤에 돌려보내지 말았어야 했어요."라고 말했다. 이야기를 나누는 내내 생글생글 웃고 있던 그녀의 얼굴이 처음으로 아주 잠깐 건조하게 얼어붙었다. 쓰디쓴 후회와 미안함. 별이와 흰둥이 이야기를 할 때면 지영 씨의 표정에서 묻어나오는 것은 그런 것이었다. 그리고 입양 전 면접과 가정방문에서 무언가를 자신이 놓쳤기 때문이라고 말했다.

"자책하지 말아요."라고 말을 하고 싶어 입술이 달싹거렸지만, 그 말을 차마 내뱉지는 못했다. 지영 씨가 느끼는 책임감과 미안함에 비하면 그 말이 너무 가벼운 것 같아서였다.

흰둥이나 별이 같은 일을 겪으면서 지영 씨는 입양 보내는 방법을 조금 번거롭게 바꾸었다고 했다. 입양자와 인터뷰도 좀 더 꼼꼼하게 하고, 유선 인터뷰뿐 아니라 고양이가 있는 곳으로 와서 직접 보고 교감하게끔 한다. 그리고 지영 씨가 입양신청자의 집으로 직접 가서 환경을 확인한다. 물론 입양계약서

정말 운 좋은 은정이. 이제는 은정이가 아닌 '옹냥이'라는 이름의 통실통실 행복하고 느긋한 고양이로 살고 있다.

도 작성한다. 과거에도 신중했지만, 시간을 좀 더 가지고 숙고하게 되었다. 그 덕분인지 유기나 가출 사고도 거의 없고, 파양도 그렇게 많지 않다고 한다. 좀 더 번거롭지만 조금 더 신중할 수 있도록 절차를 만들면, 입양자와 구조자 모두에게 만족스러운 입양이 될 수 있다고 지영 씨는 믿고 있다.

제법 세월이 흘렀고 여러 가지 일을 겪었지만, 흰둥이를 찾지 못한 것은 여전히 지영 씨에게 아픈 상처로 남아 있다. 수색을 하기 전, 지영 씨는 흰둥이의 털에 특이한 무늬가 있으니 마음씨 좋은 누군가가 데려갔을지도 모른다는, 일어나기 힘든 일을 기대하며 댓글을 남겼다. 하지만 속으로는 흰둥이가 어떻게든 발견되었으면 했다. 그런데 이제는 정말 흰둥이에게 그런 꿈같은 일이

이 . 많 . 은 . 고 . 양 . 이 . 는 . 어 . 디 . 에 . 서 . 왔 . 을 . 까

생겼기를 바라는 것밖에는 방법이 없다는 것이, 현실적으로는 아무런 방법도 없다는 것이 지영 씨의 속을 뒤집어놓곤 한다. 그래도 위안을 하자면, 흰둥이를 찾으러 갔기에 의류수거함 안에서 꼼짝없이 아사할 위기에 있던 은정이를 구할 수 있었다는 점이다.

2016년으로 다섯 살이 되는 은정이는 발견 당시에도 건강하고 예뻤다. 한겨울의 논산에서, 타지에서 온 유기동물 구조활동가를, 빛이나 나갈 길도 없는 의류수거함 속에서, 감기 하나 걸리지 않은 건강한 상태로 만났으니 운이 좋아도 보통 좋은 고양이가 아니기도 했다. 그 운 덕분인지, 은정이는 좋은 가족을 만나 지금도 예쁘게 잘 살고 있다.

🐈 높고 까다로운 입양의 벽

동물보호단체나 개인 구조활동가에게서 고양이를 입양 받으려면 절차를 거쳐야 한다. 일단 입양신청 메일을 써야 하는데, 이때 생면부지의 타인에게 공개하기는 꺼려질 정도의 개인정보를 전달해야 한다. 직업이나 거주지 형태, 반려동물 경험담, 앞으로의 인생 계획과 반려동물 유지 계획 등이 포함된다. 이 절차에서부터 벽을 느끼는 입양희망자들이 많다.

하지만 활동가는 "정말 힘들게 살린 생명입니다. 그렇게 물어도 불안해요. 게다가 이렇게 따져도 사고가 생기거든요."라고 말한다. 활동가나 단체마다 특징이 있기는 하지만, 그 과정은 대동소이하다. 일단 SNS나 인터넷 커뮤니티에 입양글을 올린다. 거기에는 입양지역, 입양 보낼 동물의 상세정보, 입양조

건, 책임비와 함께 입양희망자가 입양문의 메일을 보낼 때 담아야 할 정보를 요청하는 내용이 담겨 있다.

예쁘고 어리며, 품종이 있고 건강할수록 문의는 많다. 활동가는 그 속에서 옥석을 가려야 한다. 활동가의 선택으로 입양 간 고양이의 운명이 달라질 수 있기 때문이다. 그래서 활동가는 신청자의 매우 상세한 정보를 요청한다. 어느 정도인지 가늠하기 위해 활동가가 요청하는 정보를 살펴보자. 아래는 개인 구조활동을 하며 입양을 진행하는 소진 씨의 요청 목록이다.

A. 본인 소개 (나이/ 회사명/직업/거주지역/전화번호)
B. 주거환경 (가족 동거 여부/주거 형태 - 아파트, 원룸, 마당 있는 집, 빌라, 거주지의 층수, 방의 개수 등)
- 경제 규모를 알고자 함이 아니라 고양이의 건강상태 및 연령, 성격 등에 현 주거 환경이 맞을지를 고려해야 합니다.
C. 본인의 블로그나 SNS (트위터/인스타그램/카카오스토리/페이스북 등)
D. 반려동물을 키운 경험이 있으시면 어떤 종류를 몇 년 간 키우셨는지 말씀해주세요.
E. 본인 소개를 해주세요.
F. 아직 결혼 전이거나 자녀가 없다면 결혼 후 혹은 아이가 태어났을 경우 반려동물의 거취를 어찌 하실 건지 말씀해주세요.
G. 미성년자와 경제적으로 독립 못 한 학생은 부모님의 동의가 필수입니다.

입양할 때의 조건은 어떨까?

이 . 많 . 은 . 고 . 양 . 이 . 는 . 어 . 디 . 에 . 서 . 왔 . 을 . 까 .

ㄱ. 입양계약서를 작성하시게 됩니다.

ㄴ. 요청 시 휴대전화로라도 사진을 전송해주셔야 합니다. (연락이 끊어지면 안 됩니다)

ㄷ. 입양신청 방법은 이메일입니다. 입양완료라고 쓰일 때까지 신청 받습니다.

ㄹ. 쥐잡이용/외출냥이는 안 됩니다.

ㅁ. 1년쯤 되었을 때 반드시 중성화 수술 해주셔야 됩니다. (이미 중성화된 개체 제외)

ㅂ. 1·2·3차 예방 접종을 해주셔야 됩니다.

  유기동물 입양을 선행이자 자선이라고 생각했던 사람은 이런 상세한 내역과 요구사항을 보면 불쾌할 수도 있을 것이다. 스스로 동물을 좀 좋아한다고 생각한 사람이라도 머리를 세게 한 대 맞은 기분일지도 모른다. 계약서를 작성한다는 말에 한 번, 요청하면 언제든 사진을 보내줘야 한다는 데 또 한 번, 내가 키울 고양이의 용도(?)를 정하고 준다는 데 마지막 크로스 카운터를 맞은 기분일 수 있다. 거기에 중성화는 또 무엇이며, 세 번이나 한다는 예방접종은 또 뭐란 말인가. 익숙하지 않은 사람에게는 너무 높은 장벽처럼 보일 수 있다. 심지어 커뮤니티 안에서도 "구조자라고 생색낸다"거나 "구조부심 부린다"며 투덜거리는 사람도 있다. 그러나 분명한 것은 이렇게 된 데는 그럴 만한 사정이 있었다는 것이다. 이어서 소진 씨가 입양 보낸 여름이와 겨울이 이야기를 한번 보자.

🐈 끝나지 않은, 끝낼 수 없었던 사건

눈도 못 뜬 새끼고양이 넷이 어미가 없는 상태로 트럭 위에서 발견되었다. 개방되고 소란스런 환경은 어미가 은신시켜 놓았다고 보기는 어려웠고, 트럭이 그 자리를 떠나버리면 이들의 미래가 어찌 될지도 알 수 없는 일이었다. 고민하던 발견자는 넷을 안아 들었고, 시간마다 젖을 먹여야 할 정도로 어린것들이라, 인공수유가 가능한 지인에게 임시보호를 부탁했다. 네 자매에게는 각각 봄, 여름, 가을, 겨울이라는 이름이 생겼다. 봄과 가을이는 얼마 버티지 못하고 세상을 떠났지만, 여름이와 겨울이는 무사히 자라났고, 젖과 이유식을 뗀 뒤에 소진 씨 집으로 왔다. 성격을 파악해 입양 보내기 위해서였다.

여름이와 겨울이는 친자매라는 걸 표라도 내듯 자석처럼 딱 붙어 다녔다. 잠도 밥도 장난도 함께 했다. 고양이도 이별의 아픔을 느끼고 혈육 간의 정이 있다는 것을 알기에, 소진 씨는 둘이 함께 갈 수 있는 입양처를 찾았다. 다 큰 코숏 둘이 함께 입양을 간다는 것이 무척 어려운 일이라는 것을 모르지 않았다. 하지만 입양을 빨리 보내기 위해 하루 종일 붙어 있는 둘을 떼어놓을 수는 없었다. 고민하고 다시 결심하기를 반복한 두 달여의 시간이 지나고, 2015년 3월에 봄소식처럼 한 가정이 나타났다. 소진 씨는 서울에서 강원도까지 이동을 도와줄 차량봉사자까지 구해 차가운 봄바람을 뚫고 두 아이를 새 집에 데려다 주었다.

정기적으로 도착하는 두 고양이의 소식은 소진 씨에게 희망이었고 선물이었다. 같은 해 여름에 접어들 때쯤, 소식이 갑자기 끊겼다. 걱정과 불안을 안고

이 . 많 . 은 . 고 . 양 . 이 . 는 . 어 . 디 . 에 . 서 . 왔 . 을 . 까 .

부랴부랴 연락해보니, 입양자가 사고로 입원했다는 소식이 돌아왔다. 당연하다면 당연하게도, 입원과 동시에 두 고양이의 소식 역시 끊긴 것이다. 아픈 사람에게 고양이 사진과 소식을 보내달라며 독촉하는 것이 미안했던 소진 씨는 일단 쾌유하길 바라는 마음을 전하는 것으로 마무리지었다. 그리고 이유를 알았으니 되었다고 스스로를 안심시켰다. 문제는 그다음부터였다. 그 후로도 입양자는 두 고양이의 근황을 전해주지 않았다. 그뿐 아니라 소진 씨의 연락을 피하기까지 했다. 인지상정의 마음으로 강경하게 나가지 못했던 소진 씨도 계속 연락이 닿지 않자 이러면 입양계약서를 바탕으로 법적 절차를 진행할 수밖에 없다는 말을 우회적으로 전했고, 그제야 입양자는 여름이와 겨울이를 다른 사람에게 보냈다고 알려왔다.

만약 그것이 사실이라면 왜 처음부터 알리지 않았는지, 그리고 어째서 재입양 전에 상의하지 않았는지, 재입양이 계약서 위반인 것은 알고 있는지 같은 다양한 생각이 머릿속을 지나갔지만, 중요한 것은 그 점이 아니었다. 여름이와 겨울이가 어디에 어떤 상태로 있는지 확인하는 것이 중요했다. 소진 씨는 재입양처와 재입양자에 대해 알려달라고 수차례 요청했지만, 입양자는 대답하지 않았다. 마음속으로는 이미 알고 있었을지도 몰랐다. 알려줄 인적사항 자체가 없다는 것을 말이다.

친척이나 친구에게 보냈다고 했다가 직접 연락하고 찾아갈 테니 연락처와 주소를 달라고 강경하게 요구하거나, 계약서를 근거로 법적 절차를 시작하겠다고 하면 가출했다고 말을 바꾸는 경우가 한두 번이 아니었다. 재입양 자체가 거짓이라고 생각하면서도 소진 씨는 고소 진행을 하기 전에 입양자를 세

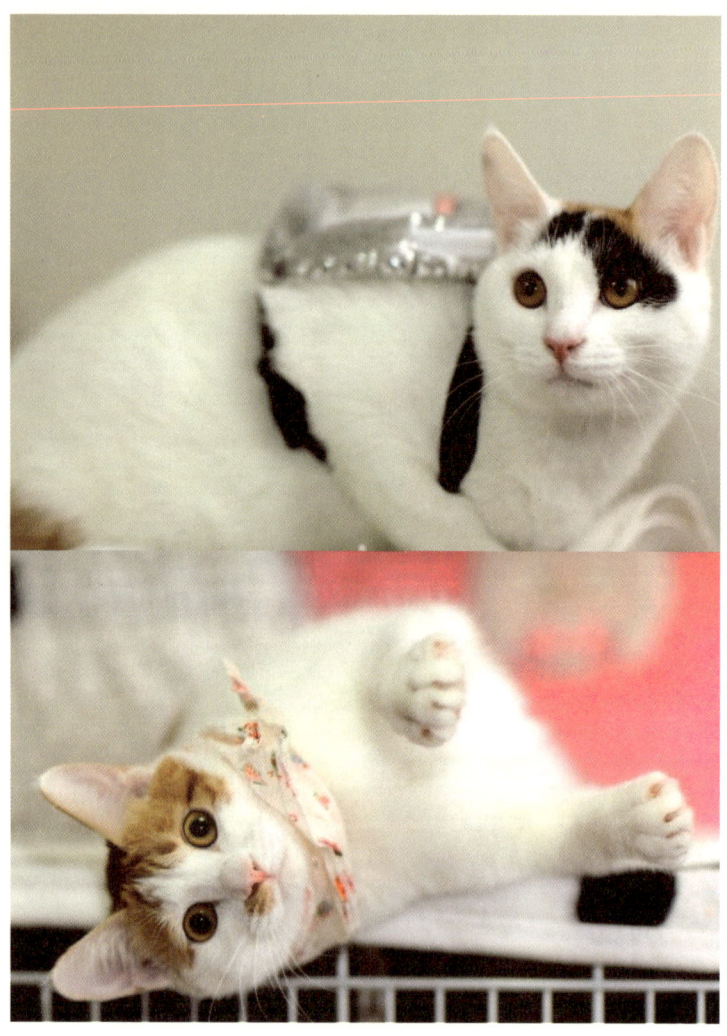

소진 씨의 블로그에 올라가 있던 겨울이(상)와 여름이(하)의 사진. 둘의 가족을 찾기 위해 찍은 사진이었다.

이 . 많 . 은 . 고 . 양 . 이 . 는 . 어 . 디 . 에 . 서 . 왔 . 을 . 까 .

번이나 찾아갔다. 여름이와 겨울이를 본 마지막 장소를 알아내기 위해서였다. 입양자의 회사로까지 찾아갔지만, 끝내 입양자를 만날 수 없었고, 정확한 정보도 들을 수 없었다.

결국 내용증명을 발송하고 경찰서에 진정을 넣었지만, 입양자가 유기나 학대를 목적으로 입양한 것은 아니라는 점을 들어 형사소송 진행은 불가능하다는 대답을 들었다. 비슷한 이유로 동물보호법 처벌 대상도 되지 못했다. 그 대신에 소진 씨는 계약서 위반을 근거로 하루 10만 원을 청구하는 민사소송을 진행했다. 한 차례의 변론기일과 두 차례의 조정기일을 넘기고 본 재판을 향해가면서도, 소진 씨는 실낱같은 희망을 안고 두 아이를 찾는다는 전단을 인터넷에도 올리고, 입양자 거주지 근처로 가서 전단지를 나눠주고 붙였다.

소송을 진행하면서 소진 씨는 이제까지 개인구조를 한 기록을 제출했다. 대부분 중증 이상의 외상을 입은 개체를 사비로 치료했던 기록이 참작되었던 것일까? 담당 판사는 화해를 권고하면서 "다른 원고와 다르게 김소진 씨는 순수한 사람이라고 느꼈다. 돈이 아닌 사명감으로 이 일을 진행하는 사람 같았다. 지금이라도 피고가 사과하면 받아주겠느냐?"라고 물었다.

하지만 사과나 화해를 원한 것이 아니었다. 소진 씨가 원했던 것은 정확한 정보, 그리고 여름이와 겨울이의 귀환이었다. 입양자가 저음부터 솔직하게 말해주었다면, 몇 번이고 찾아가서 정보를 요청할 때 사실대로 알려주기만 했어도 두 고양이를 찾을 가능성이 있었나. 알 수 없는 자신만의 이유로 입양자가 사실을 숨기는 사이에, 평생 집에서만 살았던 두 고양이를 찾을 가능성이 점점 사라져갔다. 여름이와 겨울이만 무사히 소진 씨의 품으로 돌아왔더라면,

< 치즈테비 >

< 삼이 >

▶ 삼색,치즈테비 / 둘다 여아 / 중성화 O
▶ 특징 : 삼색이(소심함) 치즈(사람 잘따름)
몸통 거의 흰색 , 입양가서 유기된걸로 추정

가족같은 아이입니다.
보호하고 계신분은 꼭 연락부탁드립니다.

전단지는 떼지 말아주세요. 찾으면 자진 수거 하겠습니다

여름이와 겨울이를 찾기 위해 만들었던 전단지.

이 . 많 . 은 . 고 . 양 . 이 . 는 . 어 . 디 . 에 . 서 . 왔 . 을 . 까

애초에 법적으로 다툴 이유도 없었을 것이다. 계약서에 기입된 대로 '파양시 고지'만 해줬더라도 이 모든 문제는 생길 필요가 없었다.

입양자의 책임을 돈으로 묻는 민사소송을 했지만, 소진 씨에게 중요한 것은 돈이 아니었다. 사실, 돈은 처음부터 문제가 되지 않는 일이었다. 돈이 문제였다면 애초에 이런 일을 시작도 하지 않았을 테니 말이다. 하지만 할 수 있는 것이 그것뿐이었다. 여름이와 겨울이를 위해서라도, 그렇게 허망하고 무책임하게 손을 놓으라고 살려낸 생명이 아니기에 어설픈 사과 몇 줄로 마무리할 수 없다고 다짐했다. 여전히 생업으로 숨이 찰 정도로 바쁘고, 보호소와 길에는 손길이 필요한 고양이가 늘 그렇듯 넘쳐났다. 하지만 소진 씨는 마지막까지 싸웠다. 그래서는 안 되지만 만약 비슷한 일이 다시 일어난다고 해도 마찬가지일 거라고 했다. 번거롭고 지치는 일인데, 어떻게 법적으로 싸울 결심을 하게 되었냐는 질문에 소진 씨는 이렇게 말했다.

"소송은 힘들고 지치죠. 하지만 현실적으로 할 수 있는 것이 이것뿐인걸요. 같은 문제를 겪는 구조자는 많아요. 하지만 법적인 어려움 때문에 포기하죠. '이 소송은 나 혼자만의 소송이 아니다. 개인 구조자 모두의 일이다.'라는 생각으로 임하고 있어요."

법적 처리가 시작되자, 입양자는 두 고양이 모두 스스로 장문을 통해 가출했다고 진술을 번복했다. 그에 대한 증거도 없지만 반박할 근거 역시 없었다. 여름이와 겨울이가 입양 간 지 채 1년도 되지 못한, 2015년 12월에 이 소송은 원고 일부 승으로 마무리되었다. 금액으로만 정리되는, 소진 씨에게는 큰 의미가 없는 승리였다. 실제로 배상액은 여름이와 겨울이를 돌보고, 기본검진과

입양 가기 전, 소진 씨 집에서의 겨울이와 여름이. 어디에 있든 아마도 이렇게 서로에게 의지하고 있을 것이다.

중성화수술, 3차 예방접종까지 하는 데 썼던 병원비에도 미치지 못하는 금액이었다.

  소진 씨는 이 뼈아픈 경험을 잊지 않기 위해 기록했다. 그리고 개인구조자들과 공유했고, 허점이 있던 계약서를 재정리했다. 그렇게 소송은 끝났다. 하

이 . 많 . 은 . 고 . 양 . 이 . 는 . 어 . 디 . 에 . 서 . 왔 . 을 . 까

지만 사건은, 아픔은 끝나지 않았다. 여전히 여름이와 겨울이의 생사는 알 수 없다. 도대체 무엇 때문에 그런 무책임한 짓을 한 것일까? 왜 소진 씨에게 연락하지 않은 것일까? 무엇이 문제였던 것인가? 답을 해주어야 할 사람은 여전히 입을 굳게 다물고 있다.

사랑과 책임은 한 몸

간혹 자신은 노력이나 경제적 부담, 육체적 어려움을 전혀 겪지 않으면서 건강하고 예쁘며 친화적인 고양이를 가지고 싶어 하는 사람을 볼 때가 있다. 구조자가 완벽하게 치료된 고양이를 집 앞까지 데려다 주기를 바라는 사람도 있고, 키우다가 병이 발견되면 구조자가 '아픈 고양이'를 보낸 것이므로 책임지기를 바라는 사람도 있다.

고양이는 당연하게도 살아 있다. 그렇기 때문에 '완제품'을 보내는 것은 불가능할 뿐 아니라, 입양 후에도 시간이 흐름에 따라 자연히 이런저런 신체적 변화와 질병이 발생할 수밖에 없다. 발견되지 않았던 유전병이나 피부병이 드러날 수도 있고, 노화가 진행될 수도 있다. 살아 있는 존재이기 때문이다.

입양계약서에는 "아프면 병원에 데려가야 한다."는 조항이 있다. 저음 이 소항을 보았을 때, 당황스러우면서도 한편으로는 조금 불쾌했다. 너무나 당연한 이야기를 계약서에 기재한 이유가 뭐란 말인가? 사람을 뭘로 보는 건가? 하는 생각에서였다. 하지만 전자제품처럼 무상 AS를 바라는 사람이나 비싼 치료비를 내느니 차라리 어리고 예쁜 새 동물을 사겠다는 사람의 사례를 보면서 이해하게 되었다.

　사람들은 동물을 쉽게 자신의 상식 안에 들였다가 자신의 상황에 따라 상식 밖으로 내어놓곤 한다. 삶의 굴곡이 심했던 대꼬 역시 그렇게 상식의 울타리를 의도치 않게 오갔던 고양이다.

　비가 많이 오던 어느 날, 한 새끼고양이가 길에서 혼자 울고 있었다. 새끼고양이의 애처로운 울음 소리는 빗소리와 차 소리에 묻혀, 사람의 주의 따윈 끌지 못했다. 영락없이 저체온으로 죽을 위기에 놓였던 이 고양이에게 손을 내밀어 준 것은 인근의 한 아저씨였다. 마침 그 자리에 있었던 그 지역 캣맘이 괜찮겠냐고 물었지만, 아저씨는 자신이 키울 수 있다며 꼬마를 데리고 갔다. 아저씨의 선의 덕분에 꼬마는 길 생활 탈출 이야기의 주인공이 된 듯 보였다.

　2주 후, 꼬마의 소식이 궁금해 아저씨를 찾은 캣맘은 새끼고양이의 머리가 두 배 정도로 부풀어 있는 것을 발견했다. 무슨 일인지 묻자, 아저씨는 교통사고가 나서 그렇게 되었다고 했다. 병원에 데려가야 하는 것 아니냐고 나서자, 아저씨는 자기가 알아서 할 테니 신경쓰지 말라며 도움과 조언을 모두 완강히 거절했다. 하지만 그대로 둬서는 안 될 것 같았던 캣맘은 아저씨를 어렵게 설득했고, 새끼고양이를 병원에 데리고 갈 수 있었다.

　두 배나 부푼 머리 안쪽이 정상일 리 만무했다. 검사를 해보니, 새끼고양이의 두개골은 파열되어 있었고, 두 배만큼 부푼 공간 안에는 고름이 가득차 있었다. 교통사고의 결과로 보이지는 않았다.

　아저씨에게 전후사정을 재차 물었고, 아저씨는 빗속에 떨었던 새끼고양이가 너무 추워 보여서 키우던 개가 품어주었으면 하는 마음에 개 우리에 넣어

이 많은 고양이는 어디에서 왔을까

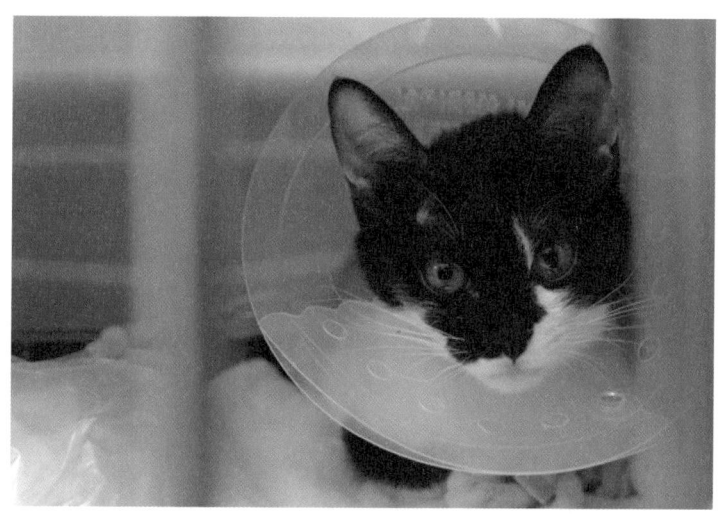

병원에서의 대꼬. 순조롭게 회복하면 새 집을 찾아 떠날 수 있을 거라고 생각했다.

주었다고 했다. 그런데 사람만 한 덩치의 개는 낯선 고양이에게 곁을 내어주지 않았다. 핥으며 보살피거나 자리를 내주는 대신에 세게 머리를 물어버렸다. 아저씨는 꼬마가 다친 것을 알았지만, 대수롭지 않게 생각했는지 병원에 데려가지도 꼼꼼히 살펴보지 않은 채 그대로 방치했다. 그 결과가 머릿속 가득한 고름이었다. 그 고름을 제거하는 데만도 1주일이 걸렸다.

그 캣맘과 인연이 있었던 소진 씨는 갈 곳 없는 이 새끼고양이를 임시로 맡고, 대꼬라는 이름으로 불렀다. 고름을 빼내고 파열된 두개골을 치료하느라 머리에 커다랗게 털이 빈 흔적이 생긴 이 고양이가 좋은 가족을 만날 수 있게 최선을 다할 것이라고 다짐했다. 소진 씨의 집에서 지낸 지 며칠, 대꼬는 기운 없이 시름시름 앓기 시작했다. 큰 병치레를 한 아이인지라, 소진 씨는 그대로 아이를 싸들고 병원으로 달려갔다. 수의사는 고양이 백혈병(Feline leukemia virus, FeLV)이라고 진단했다. 병에 대한 설명을 듣고 돌아와 소진 씨는 블로그에 글을 올리려 창을 켜고 대꼬의 사정을 쓰기 시작했다. 그러자 병원에서 들었던 병에 대한 설명이 하나하나 무게를 가지고 되살아났다.

고양이에겐 드물게 나타나지만 치료약이 없는 병.
침으로도 다른 고양이에게 전염되기 때문에 평생 다른 친구와 그루밍을 할 수 없는 외로운 병.
아무리 잘 관리하고 보살핀다 해도 남은 수명은 평균 3년 정도인 병.
생존을 위해 꾸준한 관심, 비정기적인 수혈, 좋은 음식과 좋은 환경이 필요한 병.
그리고 오로지 이 개체만을 키워줄 가정이 필요한 병.
그래서 아마도 갈 곳을 찾기도 어려울 그런 병.

앞으로 대꼬가 겪게 될 일에 가슴은 소리 없이 주저앉았다. 그 순간에도 대꼬는 심각한 빈혈로 입원해 수혈을 받고 있었다. 보살피기도 어렵고, 길게 살지도 못하고, 병원비도 많이 들 대꼬. 이 아이에게 가족이 나타날 수 있을까? 만약 새 가족이 나타나지 않는다면 이 아이는 어떻게 될까?

그렇게 된다면 대꼬는 다른 고양이들과 격리된 철장 안에서 다른 고양이들이 서로를 핥아주며 교감하고 뛰어노는 것을 바라보기만 하는 삶을 살아야 할지도 모를 터였다. 소진 씨와 함께 살고 있는 다수의 고양이를 보호하기 위해

이 . 많 . 은 . 고 . 양 . 이 . 는 . 어 . 디 . 에 . 서 . 왔 . 을 . 까 .

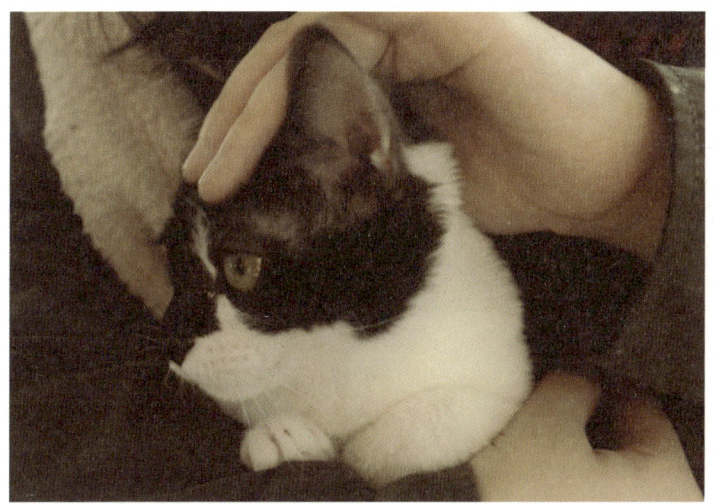

퇴원한 대꼬. 이 아이에게 알맞은 가정을 찾아줄 수 있을까?

서 말이다.

   힘들게 살아난 대꼬가 평생 철장 안에서 다른 고양이를 부러워하며 외롭게 살지 않았으면 했다. 혹시라도 있을지 모를 행운을 바라며, 소진 씨는 이 모든 상황을 밝히고 입양글을 올렸다.

> 대꼬의 입양자를 찾고 싶습니다.
> 이 아이만을 키워주실 집사님을 찾아서
> 최소한 사람에게 사랑받고, 사람과 함께 이불 덮고 자고, 같은 베개를 베고 잘 수 있는 행복을 주고 싶습니다.
> 고양이 친구는 평생 가질 수 없지만,

창틀에 매달려서 밖을 보고 있는 대꼬. 무엇을 그렇게 바라보고 있었을까.

이 . 많 . 은 . 고 . 양 . 이 . 는 . 어 . 디 . 에 . 서 . 왔 . 을 . 까 .

이 아이만을 사랑해줄 사람을 정말 찾아주고 싶습니다.
앞으로 들어갈 모든 병원비를 제가 부담하는 한이 있더라도
철장에 가두어두고 밥만 주면서 숨만 쉬고 살게 할 수는 없습니다.

입양글을 올려두기는 했지만, 소진 씨는 대꼬의 병에 대해 보다 정확하고 확실한 진단을 받고 싶었다. 병원에서 했던 검사 키트의 결과는 백혈병이었지만, 대꼬가 보이는 증상 중 일부는 백혈병과 일치하지 않았기 때문이었다. 병원에서는 회의적이었지만, 만에 하나라도 백혈병이 아니라면 대꼬의 삶은 완전히 달라질 수도 있었다. 이 불확실하고 실낱같은 희망이 사실로 바뀌기를 바라면서, 소진 씨는 면역형광검사(Immunofluorescent Assay, IFA)를 해보기 위해 미국으로 대꼬의 시료를 보냈다.

그사이 대꼬를 입양하고 싶다는 사람이 나타났다. 당시 스물한 살의 학생인 신청자였다. 학생은 대개 불안한 입양자로 분류된다. 일단 경제적으로 독립되어 있지 않기 때문에, 가족 갈등이나 병원비, 기타 경제적 문제로 유기하거나 파양할 가능성이 높다. 또한 어학연수·유학·군대·직장·결혼·임신 같은 다양한 변수가 '기회'라는 이름으로 그들 앞에 놓여 있다. 불행히도 그 모든 변수는 유기나 파양의 원인이 될 수도 있다. 평소라면 소진 씨 역시 이 입양신청을 심각하게 고려하지 않았을지도 모른다. 그러나 이 학생 외에는 대꼬에게 가족이 되자고 손을 내밀어 주는 사람이 없었다. 만약 이 손을 잡지 않는다면, 대꼬는 다른 신청자가 나타날 때까지 작은 철장 안에서 혼자 지내는 수밖에 없었다. 그리고 만약 다른 사람이 나타나지 않는다면 평생을. 여러 가지 불안한 요

입양자의 집에서 평안한 최근의 대꼬.

소가 있었지만 소진 씨는 이 학생의 손을 잡기로 결정했다.

그러던 중에 대꼬의 검사 결과가 도착했다. 최종적으로 대꼬는 백혈병이 아니라는 확진을 받았다. 그간의 모든 걱정과 불안, 안타까움이 씻겨 내려가는 듯했다. 그러자 소진 씨 역시 간사한 마음이 들기 시작했다. 좀 더 경제적으로 안정되고 독립된 사람에게 대꼬를 맡기고 싶어졌다. 하지만 그 학생은 그런 소진 씨의 불안과 의심을 행동으로 부숴나갔다.

이 . 많 . 은 . 고 . 양 . 이 . 는 . 어 . 디 . 에 . 서 . 왔 . 을 . 까

지하철로 두 시간을 달려 인터뷰를 하러 오고, 혹시라도 들 병원비를 미리 마련해두려고 야간 아르바이트를 시작했으며, 입양이 확정되기도 전에 대꼬의 자잘한 물품을 준비했다. 한참 놀고 싶고 스스로를 꾸미고 싶은 20대 초반의 젊은이가 자신의 즐거움보다는 고양이의 안녕을 걱정하는 모습에서 소진 씨는 대꼬의 진정한 가족이 이 사람임을 확신하게 되었다.

그 확신은 틀리지 않았다. 소진 씨의 집을 떠나 새로운 집으로 가는 동안에도 대꼬는 불안해서 울기는커녕 편안히 여행을 즐겼고, 도착하자마자 바로 새 집에 적응했다. 대꼬는 지금도 진정한 가족 옆에서 행복한 고양이로 잘 살고 있다. 대꼬와 그 입양자 이야기를 하면서 소진 씨는 "제 편견을 깨준 고마운 사례"라고 말했다.

완벽한 입양처라는 환상

입양신청을 받을 때, 많은 구조자가 선험적인 이유로 나이나 경제 상황, 거주지, 동물반려 경험 등의 물리적 사항을 따진다. 그러나 함께 사는 동물에 대한 책임감은 사실 나이나 경제 상황에 비례하지는 않았다. 동물을 많이 키워보았고, 동물에 대한 이해가 높으며, 경제적으로 독립한 성인일지라도 동물에게 불행한 결과를 낳는 결정을 하기도 한다. 계약서에 있는 조항 중에는 "입양자는 반려동물의 건강에 해를 끼칠 수 있는 물품, 독극물, 반려동물의 생명에 위해를 가할 수 있는 살아 있는 생물로부터 반려동물을 보호해야 하는 의무가 있습니다."라는 것이 있다. 이 역시 너무 당연해 보이는 이야기이다. 하지만

| 개요 | 유기동물 공고 |

법」제17조, 같은 법 시행령 제7조 및 같은 법 시행규칙 제20조에 따라 구조된 동물의 보호상황을 아래와
니다.

호	경기-수원-2013-00831
종	[고양이]
양	검정
별	수컷
체중	2세 추정 / 1.80(Kg)
시	2013-07-11
소	화서동 184-295
명	수척상태, 보행장애, 두부경련
한	2013-07-11 ~ 2013-07-18

문의는 보호소에 연락하시기 바랍니다.

까망이의 유기동물 공고. 공고기한은 7월 11일부터 7월 18일까지. 누군가 손 내밀어 주지 않는다면, 까망이에게 허락된 시간은 그만큼이다.

실제로 입양자가 잠깐 방심한 사이에 위험한 상황에 놓여 별이 되어버린 아이가 있다. 소진 씨가 입양 보낸 까망이의 이야기이다.

 2013년, 온몸이 까만 두 살짜리 올블랙 코숏이었던 까망이는 오랫동안 굶었다는 게 한눈에 알 수 있을 정도로 깡말라 있었고, 머리를 심하게 떨고 있었으며, 제대로 걷지도 못하는 상태였다. 성묘에 코숏, 장애까지 있으니 입양 위시리스트에 끼기는 어려울 게 뻔했다. 이 고양이는 병이 있거나 늙은 개체가 먼저인 보호소의 관행에 따라 안락사를 기다리고 있었다.

 소진 씨 역시 까망이를 구조하고 싶지 않았다고 했다. 머리를 심하게 떨고 제대로 걷지도 못한다는 건 배변에도 문제가 있음을 의미했다. 이런 장애는

이.많.은.고.양.이.는.어.디.에.서.왔.을.까.

제대로 치유되는 일도 없고, 재활 역시 어려워서 평생 사람이 고양이를 뒷바라지해야 한다. 사람 수발도 들기 힘들어 남에게 부탁하는 세상인데, 키우던 고양이도 아닌 새로 입양할 아이를 굳이 병간호 작정하고 살펴볼 사람을 찾기는 어려울 것 같았다.

하지만 소진 씨와 동행했던 지인은 구조를 주장했다. 신경 손상일 경우 청구될 병원비와 이 아이가 앞으로 살아갈 남은 삶, 그 옆에서 보살피고 돌봐야 할 반려인의 부담에 대한 걱정에도 구조하고 싶다고 했던 이유는 하나였다.

"눈빛이 살려달라고 하잖아."

그 말 하나에 까망이는 보호소에서 나와 병원으로 이송되었다. 까망이를 진료한 의사는 소진 씨의 예상대로 상태가 아주 심각하다고 했다. 너무 굶어서

병원에서의 까망이. 까망이는 긴장과 두려움을 한동안 놓지 못했다.

장기 손상이 심각한데, 정상적인 장기가 거의 없는 수준이라고 했다. 이럴 경우 보통은 안락사를 권한다고, 완전히 회복할 가능성이 너무 낮다고 했다. 차라리 보내주는 게 이 아이를 위해서도 나은 선택이라고.

하지만 이미 보호소에서 살려보기로 하고 데리고 나온 까망이를 그렇게 보내고 싶지 않았다. 다음 날 당장 세상을 떠난다 해도 이상할 것이 없는 아이였지만, 할 수 있는 만큼은 해달라고 부탁했다. 그렇게 두 달 반. 까망이는 기적을 일으켰다.

스스로 서는 것도 힘들었던 까망이는 혼자서 중심을 잡고 밥을 먹을 수 있게 되었고, 배변과 배뇨도 스스로 할 뿐 아니라 뛰어다닐 수 있을 정도로 회복되었다. 다만 머리가 좌우로 흔들리는 증상만은 완치가 되지 않았다. 손상된 신경이 회복되지 않은 탓이었다. 그럼에도 처음과 달리 경련의 정도는 많이 완화되어 있었다. 그 외에는 일반 고양이와 똑같을 정도로 회복되었다.

단, 사람에게 좋은 기억이 별로 없는지, 그간 얼굴을 익힌 사람 외에는 모두 무서워했다. 무섭고 불안하면 고양이는 날카롭고 쇳소리가 나는 위협음을 내며 발톱을 세우고 공격하는 자세를 보이기도 한다. 하지만 까망이는 그런 것을 하지 못했다. 그저 꼼짝도 못 하고 바들바들 떨 뿐이었다.

얼마 후, 까망이는 제 가정을 찾았다. 고생도 많았고, 장애도 있는지라 소진 씨는 새 가족을 찾을 때 평소보다 더 세심하게 조건을 따졌다. 그리고 마침내 이상적으로 보였던 입양자를 만났다. 유기동물에 관심이 많은 사람이었고, 까망이의 사정도 잘 받아들여주었다. 경제적으로 여유가 있었고, 반려동물도 키우고 있었다. 거주 공간 역시 넓어서 까망이가 잘 살 것 같았다. 구조와 치료

이 . 많 . 은 . 고 . 양 . 이 . 는 . 어 . 디 . 에 . 서 . 왔 . 을 . 까

구조자와 의료진의 노력에 보답하듯 까망이는 기적을 일으켰다.

과정 모두가 기적이었던 까망이의 놀라운 여정은 새 가족을 만나면서 완성된 듯 보였다.

그리고 얼마 후 까망이가 죽었다는 소식이 들려왔다. 입양자가 키우던 개에 물려 죽었다고 했다. 의도된 일은 아니었다. 공격을 한 개의 덩치가 워낙 컸고, 놀라고 무서우면 반격하거나 달아나지 못하고 그 자리에 얼어붙는 까망이의 성격이 소합된 결과였을 것이다. 그야말로 사고. 그러나 사고라고 해서 안타까움과 비통함이 덜어지는 것은 아니다. 굶어서 신경 손상까지 왔던 한 고양이와 구조자, 헌신적인 의료진이 두 달 반을 들여 만들었던 기적은 한순간의 방심으로 사라져버렸다.

정성을 다해 까망이를 돌봤던 간호사는 그 소식이 있고 얼마 후 병원을 떠났다. 그 속을 정확히 짚을 수야 없겠지만, 까망이의 사망 소식은 그녀에게 무척 큰 충격이었다고 한다. 소진 씨 역시 병원은 물론 입양자에게도 무척 미안한 마음을 가지고 있다.

이처럼 좋은 의도를 가지고 열심히 노력해서 아름다운 결과물을 만들었지만, 때때로 잠깐의 실수나 방심이 순식간에 모든 것을 망쳐놓기도 한다.

6. 장애를 가진 고양이

　때때로 활동가도 버거운 아이들이 있다. 상처가 너무 깊어 치료도 어렵고 평생토록 장애를 가지고 살아야 할 아이들이다. 장애를 가진 고양이를 왜 구조하느냐, 장애를 가지지 않았음에도 자리가 없고 손길이 없어서 죽어가는 개체가 많다, 차라리 건강한 개체를 구조하는 게 낫다, 심심찮게 볼 수 있는 의견이다. 아마 이 장의 제목을 보는 순간 많은 이의 머릿속을 스치고 지나간 생각일 수도 있다. 여기서 지영 씨가 구조한 아라의 이야기를 해보려고 한다.

🐈 살고 싶어요!

　2012년 9월, 천안보호소에 주말 봉사를 갔던 지영 씨는 먼저 와 있던 고등

학생 봉사자들이 걱정스레 보여주는 고양이를 마주하게 되었다. 치킨조각 하나와 고양이용 간식캔이 놓여 있는 박스 안에는 손바닥만 한 어린것이 오들오들 떨고 있었다. 간식캔을 먹은 흔적이 잔뜩 묻은 그 얼굴에는 두려움이 가득했다. 아라와의 첫 만남이었다.

"다리가 이상해요."라는 아이들의 말에 고양이의 몸을 들어 보니, 다리뿐 아니라 하반신이 기이할 정도로 뒤로 꺾여 있었다. 척추도 손상된 듯 보였다. 보호소에서는 당연히 안락사를 해야 하지 않겠느냐고 했고, 지영 씨 역시 큰 부상을 입은 고양이를 구조해야 할지 말아야 할지 선뜻 결정하기 못했다. 그러나 얼굴을 캔에 박고 열심히 먹으려 하는 이 어린 생명을 차마 포기할 수 없었다. 고생길이 훤한 것을 알면서도 지영 씨는 아라와 함께 보호소를 나와 가까운 병원으로 향했다.

병원에서 찍은 엑스레이 속 아라는 보기보다 더욱 심각한 상황이었다. 목뼈 아래 부분이 눌린 상태로 오래 방치된 것으로 보이며, 신경 손상이 의심된다는 진단이 내려졌다. 또한 경추 손상을 제외하더라도 부상 정도가 심각해 손을 쓰기 어렵다는 것이 최종 판단이었다. 더 손쓸 데가 없다는 병원의 말에 지영 씨는 일단 아라를 데리고 집으로 향했다.

지영 씨는 집에 오자마자 아라의 배뇨와 배변부터 챙겼다. 보호소에서 꼼짝도 못 하고 신경이 눌린 채 방치되어 있었으니 오랫동안 하지 못했을 배변과 배뇨를 도와준 후, 밥을 먹이고 잠자리를 마련해주었다. 꽤 낯설었을 그 모든 과정을 거치고, 아라는 포근한 잠자리에서 곤히 잠들었다.

안심한 얼굴로 평온히 잠든 아라를 보며 지영 씨는 여러 생각을 했다. 그 생

이 . 많 . 은 . 고 . 양 . 이 . 는 . 어 . 디 . 에 . 서 . 왔 . 을 . 까 .

지영 씨 집에서 임시보호 중이었던 아라. 뒷다리는 힘없이 늘어져 있지만, 앞발은 단단하게 바닥을 딛고 서 있다.

각의 끝은 하나였다. 치료비로 얼마가 들든 치료를 포기하지 않겠다고, 그렇게 할 수는 없다고.

인근 병원에서는 아라의 치료가 불가능할 것이라고 이미 손을 들었으니, 아라의 치료를 맡을 만한 큰 병원을 알아보는 일이 필요했다. 수소문 끝에 소개받은 2차 병원은 차로도 꽤 먼 서울에 있었다.

시간과 품을 들여 방문한 병원에서도 난색을 표하면 어쩌나 걱정했지만, 그 병원에서는 아라에게서 가능성을 발견해주었다. 부상이 심각하기는 하지만,

아직 어리기 때문에 꾸준히 치료하면 좋아질 가능성이 아주 없는 것도 아니며, 아라에게 살려는 의지가 있기 때문에 그냥 포기할 필요는 없다. 의사의 최종 판단이었다. 아라에 대해서 처음으로 들은 희망적인 말이었다.

보호소만 가도 장애가 없고 조금만 치료하면 금세 건강해질 예쁜 고양이가 철장 안에서 데려가 달라고 울부짖는다. 커뮤니티에도 큰 병 없고 성격도 좋은 아이들의 새 가족을 찾는 글이 줄을 잇는다. 장애나 심각한 질환을 가진 보호소 출신 코숏에게 돌아올 희망 같은 건 준비되어 있지 않은 듯 보였다. 그런데 이 병원과 지영 씨가 아라에게 그 희망을 전해준 것이다. 이때쯤 지영 씨는 고양이 커뮤니티에 이름을 공모했고, '아라'라는 이름을 지어줄 수 있었다.

한 달여를 입원해 물리 치료와 약물 치료를 병행했지만, 아라의 신경은 돌아오지 않았다. 그렇다면 병원에서 지영 씨에게 주었던 그 희망은 거짓이었던 걸까? 결과적으로 치료의 효과가 나타나지 않았으니, 그렇게 판단한다고 해도 아니라고 반박할 수는 없을 것이다. 그러나 병원이 준 희망과 여러 배려 덕분에 지영 씨는 아라를 안아 들고 돌볼 힘을 다시 얻을 수 있었고, 아라 역시 그에 부응하듯 장애를 안은 채 건강해질 수 있었던 것은 아닐까?

신경이 돌아오지 않았더라도 아라는 여느 고양이와 다르지 않았다. 놀이공간에 풀어주면 병원에서 만들어준 휠체어를 타고 앞발로 신나게 달려 나갔다. 자기 몸이 다른 고양이와 다르다고 생각하지 않는 듯했고, 당당히 원하는 것을 주장했으며, 제 몸 상태 때문에 기가 죽는 일도 없었다.

추가 치료가 필요 없다는 의료진의 판단에 따라, 아라는 지영 씨의 집으로 돌아왔다.

이 . 많 . 은 . 고 . 양 . 이 . 는 . 어 . 디 . 에 . 서 . 왔 . 을 . 까 .

임시 휠체어를 타고 집을 자유롭게 오갔던 아라.

 함께 살기 시작하면서, 지영 씨는 생활 속에서 아라의 장애가 어떤 불편을 야기하는지 몸소 경험하게 되었다. 두 앞다리에만 힘이 들어갔기 때문에, 뒤로 늘어진 배와 뒷다리는 바닥에 쓸려 벌겋게 되곤 했다. 배변을 하고 나올 때도 마찬가지였다. 뒷다리에 힘이 없고 요령도 없다 보니 몸에 묻히고 나올 때가 많았다. 그래서 지영 씨는 때때로 다 늦은 밤에 아라 목욕을 시키고 집안 대청소를 해야 했다. 퇴근을 해 돌아오면, 마중을 나온 아라의 몸에는 분변이 말라비틀어진 채 붙어 있었고, 집에는 지영 씨가 회사에 있는 동안 아라가 활발

히 쏘다녔던 기록이 분변자국으로 남아 있었기 때문이다. 이즈음에서 지영 씨는 아라를 입양 보내는 일은 마음속으로 반쯤 포기하고 있었다.

하지만 아라는 참 운 좋은 고양이였다. 아라 입양 문제로 고민하고 있는 지영 씨에게 지인이 장애가 있는 고양이를 입양하려는 사람이 있다는 소식을 전해준 것이다. 부모님과 함께 노령견과 길고양이를 입양해서 키우고 있는 사람이었다. 지영 씨는 아라의 사진을 전달했고, 별 무리 없이 입양이 진행되었다.

장애가 있어도 행복할 수 있어요

아라의 입양자는 평소에도 장애가 있는 고양이를 키우고 싶다는 생각을 하고 있었다고 했다. 하지만 쉽지 않은 일이기에, 신중할 수밖에 없었다. 그러나 전화기로 전송받은 고양이 한 마리의 사진에 마음을 빼앗기고 말았다. 바로 당시 3개월에 접어들었던 아라였다. 기저귀를 하고 있었고, 감기에 걸려서 콧물이 흐르고 있는 데다, 털도 괴상하게 잘린 아이였지만, 그녀는 이미 아라의 반려인이 되어 있었다.

함께 살면서도 아라의 장애는 입양자에게 아무런 문제가 되지 않았다. 아라는 성격도 밝고 사랑스러웠으며, 무엇보다 건강했다. 잘 먹고 잘 컸던 아라는 이름을 부르면 대답을 해주었고, 애교도 많았다. 발톱을 이용해 소파에도 올라가고, 침대에서도 잘 뛰어 내려왔다. 그런 아라를 위해 발톱을 짧게 자르지 않았다. 그렇게 서로 적응을 하며 행복하게 지냈다.

그러나 납작하게 눌린 하반신은 아라의 행복을 오래 두고 보지 않았다. 아라가 자랄수록, 밥 먹는 양이 늘수록 장애는 아라의 뒷덜미를 잡았다. 제일 큰 문제는 배변이었다. 병원을 몇 번이나 갔지만, 대답은 항상 똑같았고, 처방약을 다 먹고 나면, 상태는 다시 처음으로 돌아갔다. 입양자는 관장하는 법과 수액 놓는 법까지 배워 아라를 돌봤다. 하지만 아라의 상태는 좋았다 나빠지기를 반복했고, 병원 가는 횟수만 늘어났다.

아마도 아라는 점점 지쳐갔던 모양이다. 입양자와 함께 갔던 여행에서 돌아오고 얼마 되지 않아, 아라의 상태가 급격히 악화되었다. 거대결장증이 왔고, 배뇨가 원활하지 않아 신장도 나빠졌다. 배변도 되지 않아 토해내기까지 했다. 그래도 언제나 그랬듯 다시 좋아질 거라고 입양자는 믿었다.

상태가 나빠져가는 아라를 좀 더 잘 돌보기 위해 직장을 그만두기로 하고, 마지막 출근을 하는 날이었다. 아침부터 상태가 안 좋은 아라를 보며 입양자는 말했다.

"엄마 오늘만 출근하면 아라랑 항상 같이 있어 줄게."

출근을 하고 나서도 입양자는 어째서인지 하루 종일 느낌이 좋지 않았다. 불안한 마음을 안고 집으로 돌아와 아라를 품에 안고 화장실로 향하는데, 아라가 혈뇨를 흘리기 시작했다. 이윽고 호흡곤란이 왔다. 그대로 아라를 안아 들고 병원으로 향했지만, 아라의 신장수치는 너무 높았고, 호흡은 더 나빠지기만 했다. 다시 좋아지는 일은 없을 거라는 걸 알았을 때, 아라를 병원이 아닌 집에서 편안히 보내주고 싶어졌다.

"아라야, 집으로 가자. 조금만 힘을 내."

아라의 귀에 대고 속삭였지만, 조금만 힘을 내달라고 애원했지만, 아라의

새 집에서의 아라. 아라는 터줏대감들을 가뿐히 제치고 대장 노릇을 하며 한 식구로 행복하고 즐겁게 살았다.

숨은 서서히 느려졌다. 입양자는 아라의 상태가 나빠지고 있을 때, 아무것도 하지 못한 채 떠나가는 아라를 끌어안고 하염없이 눈물만 흘리는 자신이 미웠다고 한다. 그리고 생명이 떠난 뒤 점점 몸이 굳어가는 아라를 안고 비를 맞으며 집으로 가는 내내 '조금만 일찍 병원에 갔더라면……' 하고 후회했다고.

그 후로도 한동안 아라에게 정말 필요했던 것이 무엇이었을지 스스로에게 묻곤 했다. 아라는 여전히 입양자의 가슴에 화석처럼 남아 있다. 그리고 언제든, 어떤 모습으로든 아라가 자신에게 돌아와주길 바라고 있다.

🐈 빗속에서 천천히 꺼져가던 보보

장애가 있는 고양이를 키우는 건 입양자에게 부담이 많이 가는 일이다. 비용과 시간 문제도 있겠지만 타인의 시선 문제도 있다. 일반 사람은 물론, 동물에 대한 공감대가 있는 사람들 역시 긍정적인 반응을 보이지 않는 경우도 있다. 아라 입양자도 아라를 데리고 병원을 가면, 대기실에서 곱지 않은 시선을 받을 때가 많았다고 한다. 또한 난색을 표하며 치료를 포기하거나 무의미하다는 의료진 때문에 돌보는 데 어려움을 겪기도 했다. 하지만 무엇보다 가슴을 무겁게 하는 것은 고양이가 겪고 있는 아픔을 여과 없이 마주해야 한다는 점이다.

소진 씨는 어느 날, 한 캣맘으로부터 메일을 받았다. 네댓 마리로 이루어진 고양이 가족이 있었는데, 언제부턴가 새끼고양이들이 보이지 않더니, 그중 하나가 빗물구멍에 빠져 움직이지를 못하고 있었다고 했다. 다리가 빠졌거나 삔 것인 줄 알고 새끼고양이를 들어올렸는데, 죽은 것처럼 축 늘어져 꼼짝도 못했다고. 급히 방문한 병원에서는 상부 호흡기 질환으로 인한 결막염이 심각하며, 다리 쪽은 감각이 없다는 1차 진단을 내렸다고 했다.

이 아이는 급하게 '나비야 이리온 희망이 프로젝트' 대상에 올랐고, 새벽에 급하게 이리온 동물의료원으로 후송이 되었다. 갑작스럽게 결정된 '여덟 번째

배수로에 늘어져 있던 보보. 발견했을 때는 이미 상태가 좋지 않았다.

희망이'였고, 보통 진료 시간이 아닌 새벽이었지만, 의료진은 응급조치를 위한 준비를 끝내놓은 채 기다리고 있었다. 소진 씨는 처음 이 새끼고양이를 만났을 때를 이렇게 기억한다.

"이리온으로 이송된 보보를 처음 만났을 때, 벌써 하늘로 떠난 건가 했습니다. 아이가 전혀 움직이질 않았어요. 영양실조와 탈수로 고개도 못 들 만큼 기운이 없던 아이였죠."

첫 발견자는 이 새끼고양이가 건강해져서 걸을 수 있으면 좋겠다는 마음으로 보보(步步)라고 이름지었다. 하지만 검진 결과는 암흑빛이었다. 한쪽 눈에 대해서만 회복불능 상태라던 1차 진단과 달리 양쪽 눈 모두 회복불능 상태였다. 그나마 한쪽 눈만이라도 살릴 수 있지 않을까 했던 초기의 희망이 깨지는 순간이었다.

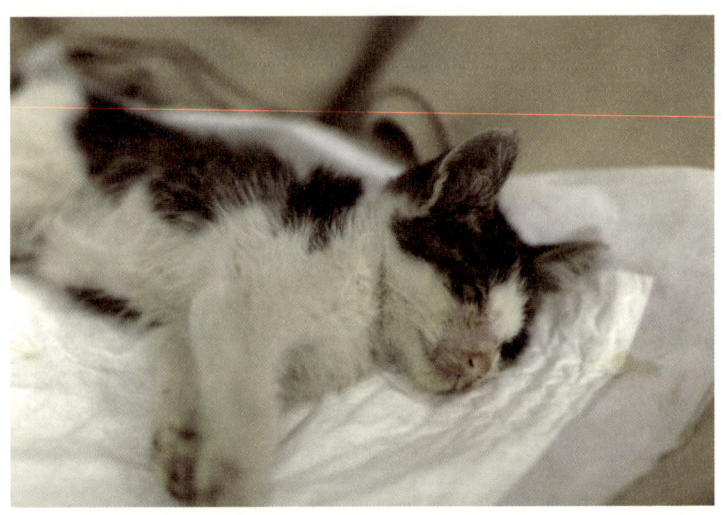

병원에서의 보보. 병세는 좋지 않았지만 살려는 의지는 분명했다.

그리고 문제가 되었던 상부 호흡기 질환. 소진 씨는 이것이 이 아이에게 지독한 병이 될 것임을 알았다. 3년 전 구조해서 돌봤던 고양이가 헤르페스 바이러스 감염으로 결막염이 왔고, 급기야 안구에 천공이 뚫리기 직전까지 진행되었던 적이 있었다.

당시에도 같은 병원에서 치료 받았는데, 두 달 가까이 입원해야 할 정도로 상태가 좋지 않았던 그 고양이는 당시 결막염 때문에 보고 있기 괴로울 정도로 고통스러워했다. 심지어 안구와 닿는 눈 안쪽 살이 밖으로 흘러내려 잠을 잘 때조차 고통에 몸부림쳤다. 이미 그 질환을 심각하게 앓고 있던 보보는 항생제 한 알 없이 양쪽 눈이 모두 녹아내릴 때까지 길에서 버텼던 것이다.

보보의 회복 가능성은 아주 낮은 상태였다. 다리의 기능은 이미 상실되었고, 호흡기 질환도 심각했으며, 두 눈 역시 잃을 것이 명확했다. 두 손에도 다 들어가지 않을 정도로 작은 새끼고양이가 이렇게 지독한 상황에 이르렀던 것은, 충격적이게도 사람의 소행 때문이었다. 최초 발견자가 이 아이의 심각한 상황에 당황해 어쩔 줄 몰라 하고 있자, 인근 주민이 보보에게 있었던 일을 이야기해주었다고 한다.

처음 사람들 눈에 띄었던 보보는 마르고 기운이 없었지만, 신체는 아무 문제 없이 기능하고 있었다고 한다. 네 발로 걷고 뛰고 앞발로 무언가를 쥐고 뜯고 장난을 하다가 웅크리고 앉아 쪽잠을 청했다. 그러다 누구인지 알 수 없는 사람이 이 어린 생명을 심하게 구타했다. 사람들이 뭐하는 짓이냐고 몰려들자 그대로 사라져버렸다고. 폭행은 멈추었지만, 폭행으로 널브러진 보보를 구해주는 사람은 없었다.

보보는 그 상태로 3일 정도 방치된 채 스스로 생명의 끈을 끈질기게 잡고 있었다. 구조 후 병원에 도착했을 때, 보보의 방광에는 피가 가득차 있었고, 스스로 배뇨를 하지 못해 방광을 압박하면 피가 흘러나왔다. 이 어린 고양이가 살수 있을지 없을지 아무도 장담할 수 없는 상황이었다. 작은 몸에 가만히 손을 올려놓고 있을 때만이 이 아이가 아직 살아 있음을 느낄 수 있었다.

장애가 있는 고양이들 왜 구조하냐고 묻는다면, 소리도 없이 직게 오르내리는 이 움직임으로 답을 대신할 수 있을 것 같다. 살아 있으니까. 그 외에 다른 답이 필요할까? 어떤 기준으로 구조를 하냐는 질문에 소진 씨는 "내 형편이 닿을 때, 내가 구조할 수 있을 때 구조한다."라고 말했다.

🐈 삶을 누릴 권리

병원에 들어온 지 하루가 지났지만, 보보는 여전히 기운이 없었고, 딱히 더 좋아지는 것 같지도 않았다. 그러나 "보보야." 하는 부름에 "아직 저 살아 있어요."라고 말하듯 앞발을 가지런히 모으고 고개를 반짝 들었다.

제 이름을 불러줄 때를 제외하고는 마치 온 기운을 회복하는 데 쓰기라도 하는 듯, 보보는 하루 종일 꼼짝도 않고 웅크리고만 있었다. 의료진의 노력과 시간의 도움으로 보보는 조금씩 기운을 차려갔다. 녹아내린 눈은 돌아오지 않았지만, 부기도 빠지고 상태도 좋아졌다. 사람이 만져주면 고릉고릉 고양이 특유의 좋다는 신호도 보냈다. 아직 너무 작은 아기. 따뜻한 사람의 손길 하나에도 행복을 느끼고 기뻐했다. 볼 수 없어 항시 긴장한 상태로 있었지만, 길에서와 달리 이제는 마음을 놓아도 된다는 것을 알았는지 표정도 달라졌다. 이렇듯 쉽게 사람을 믿고 세상에 활짝 마음을 열고 있는 순진하기만 한 이 어린 생명이 차갑고 냄새나는 배수구 위에서 얼마나 떨었을지, 얼마나 외롭고 무서웠을지를 최초에 폭력을 휘두른 사람은 감히 상상이라도 해볼 수 있을까. 자신이 한 짓이 이 어린것을 어떤 나락으로 떠밀었는지 알고나 있을까.

얼마 후, 보보는 병원을 나와 소진 씨의 집으로 옮겨갔다. 환경은 바뀌었지만, 보보는 여전히 대부분의 시간을 철장 안에서 보냈다. 고양이가 많은 소진 씨 집의 환경이 하반신 기능과 시력을 상실한 보보에게 위험할 수 있기 때문이었다. 갑갑하고 괴로울 수 있는 상황이었지만, 보보는 여전히 다른 이의 체온을 반기는 아이였다. 신경 손상으로 배뇨와 배변을 직접 할 수 없어, 소진 씨

이 . 많 . 은 . 고 . 양 . 이 . 는 . 어 . 디 . 에 . 서 . 왔 . 을 . 까

안구 적출 수술 전의 보보 모습.

가 방광을 눌러 배뇨를 시키고, 장을 압박해 배변을 시켜야 했다. 분명 무척 고통스러웠을 텐데도, 보보는 소진 씨의 손길이 좋아서 그 과정 중에도 좋다고 골골거렸다.

그대로 유지만이라도 되었으면 했던 보보의 상태는 다시 조금 더 나빠졌다. 병원에서 안구를 적출해야 한다는 심신 결과를 내놓은 것이나. 실령 볼 수 없다 해도, 안구만이라도 가지고 있었으면 했다. 안구를 적출하고 나면, 그 자리가 아물면서 안구가 빠진 공간 역시 줄어든다. 그리고 줄어든 공간만큼 얼굴도 일그러지고 만다. 기능은 하지 않더라도 자리를 차지하고 있으면서 얼굴 형태만이라도 예쁜 모습 그대로이기를 바랐지만, 보보의 안구 상태는 그마저

허용하지 않았다.

안구 적출 수술 후, 가져갈 불행은 다 가져갔다는 듯 보보의 상태도 안정기에 접어들었다. 그에 따라 소진 씨 역시 눈코 뜰 새 없이 바쁜 삶으로 돌아갔다. 특히 회사 일과 동물 구조, 보호소 봉사로 바깥 활동이 많은 편이었는데, 그런 소진 씨의 생활이 보보와는 맞지가 않았다. 특히 보보의 배뇨가 문제였다. 배변은 장 운동으로 자연스레 변이 밀려나오니 기저귀를 채우거나 집과 보보의 몸이 엉망이 되는 정도로 마무리될 수 있었다. 하지만 배뇨는 다른 문제였다. 저절로 흘러나오지 않기 때문에 반드시 손으로 눌러줘야 했고, 그 때문에 초기에는 알람을 맞춰두면서 챙겼다. 집안일을 하거나 잠을 자다가도 압박 배뇨를 해야 했고, 회사에 보보를 데리고 다니며 배뇨를 시키기도 했다. 또 출장으로 집을 비울 때면 아는 사람 중 이 번거롭고 어려운 작업을 해줄 사람을 찾아 헤매야 했다. 그러나 시간이 지남에 따라 보보의 방광은 몸과 함께 자라났고, 배뇨 간격 역시 차츰 길어졌다.

이맘때쯤, 소진 씨는 시간이 빌 때면 어디서든 바늘과 실을 꺼내들었다. 보보의 기저귀 때문이었다. 기저귀 손바느질부터 똥기저귀 빨래까지, 소진 씨는 흡사 사람 아이 키우듯 보보를 키웠다. 지하철에서 바늘에 찔려가며 만들었던 첫 기저귀가 안 맞을 정도로 보보가 자랐을 때쯤 입양 문의가 왔다.

🐈 장애, 그 특별한 개성

신청자는 보보의 형제 고양이인 솔이의 입양자였다. 솔이는 같은 지역에서

이 . 많 . 은 . 고 . 양 . 이 . 는 . 어 . 디 . 에 . 서 . 왔 . 을 . 까 .

소진 씨가 만들어준 기저귀를 하고 있는 보보.

보보보다 먼저 발견된 새끼고양이로 호흡기 질환에 걸린 채 구조된 후 입양된 아이였다. 보보의 소식을 들은 솔이 입양자는 한동안 고민을 했다. 하지만 장애가 있는 고양이의 현실을 알고 있던 그녀는 호흡기 질환으로 숨도 제대로 못 쉬던 솔이를 간호하며 살려냈던 경험과 첫 반려동물인 솔이를 친형제와 함께 살게 해주고 싶다는 마음, 보보에 대한 측은지심에 용기를 내어 입양신청

보이지 않아도 장난기 많고 활발한 고양이 보보. 입양자 집에서 볕을 쬐고 있다.

을 했다. 입양은 무리 없이 잘 진행되었다.

   하지만 막상 입양 후 입양자가 맞닥뜨린 현실은 달랐다. 보보를 돌보는 것은 상상한 것보다 훨씬 더 힘들었다. 입양자의 육체가 힘든 것보다는 자신이 너무 서툴러서 보보가 고생하는 것 같다는 의심과 회의로 고통스러웠다고. 병원에서 충분히 배웠지만, 보보가 개운할 만큼 잘 압박해서 배뇨를 시켜주고 있는지 알 수 없어 불안했다. 그리고 유화제로 늘 흘러나오는 변 때문에 짓물러 새빨개진 보보의 엉덩이를 말리느라 기저귀를 벗겨 씻기고 부채질을 해줄 때면 죄책감과 미안함으로 눈물을 흘리기도 했다.

"이 아이를 잘 돌볼 수 있을 거라는 자신감도 거짓말처럼 사라졌습니다. 귀찮아하던 웹서핑을 하고, 커뮤니티에 가입을 해서 정보를 찾고, 책도 뒤적였죠. 찾아볼 수 있는 곳은 정신없이 다 봤던 것 같아요. 아는 게 힘이라고 하는데 그 말은 정말 맞나 봅니다. 후지마비 아이들에 대해 알면 알수록 보보는 그냥 두 앞발로 걸을 뿐 다른 고양이들과 다를 것이 하나 없었어요."

입양자의 지극한 노력은 차츰 좋은 결과를 낳았다. 입양자가 압박 배뇨 및 배변에 능숙해지면서, 보보는 보송보송한 엉덩이를 기저귀 없이 내놓고 다닐 수 있게 되었다. 이제까지 보보와 입양자를 괴롭히던 큰 문제 하나가 해결된 셈이었다.

보보는 그곳에서 만난 솔이와 혈육임을 알기라도 하듯 친하게 딱 붙어 지냈다. 보이지 않는 눈 때문에 움츠러드는 일 역시 없었다. 넓은 곳을 지날 때는 방향을 잃지 않기 위해 벽을 따라 이동하고, 공 같이 구르는 장난감은 잃어버리지 않게 벽 모서리로 물고 가서 놀았다. 눈이 보이는 게 아니냐고 되묻는 사람이 있을 정도였다. 바닥에 끌리고 마루이음새에 끼는 제 하반신을 불거나 감각이 없는 제 꼬리를 뜯을 때도 있지만, 입양자는 그 문제를 심각하게 생각하지 않는다고 했다.

새 집에서의 솔이와 함께인 보보. 활동가들의 노력과 눈물, 시간과 금전은 아마도 이런 모습을 보기 위해서가 아닐까.

이 . 많 . 은 . 고 . 양 . 이 . 는 . 어 . 디 . 에 . 서 . 왔 . 을 . 까 .

"방향을 잃지 않도록 벽을 타고 움직인다든가, 장난감을 가지고 놀다 놓치지 않게 모서리로 가지고 가서 논다든가 하는 영민함을 보는 것도 보보를 키우며 느낄 수 있는 큰 즐거움이에요. 물론 평범한 아이가 아니기에 쏟아야 하는 노력과 정성이 다를 수 있으나, 같이 지내며 느낄 수 있는 행복과 즐거움도 남달라요. 그리고 모든 아이들에게 정성과 노력, 애정을 쏟아야 하는데 거기서 조금 더 마음쓰는 게 그렇게 어렵지는 않더라구요. 보보의 그런 모습은 모두의 털색과 얼굴이 다른 것과 같은 하나의 개성이라고 생각합니다."

보보는 여전히 앞을 볼 수 없고, 다리도 쓸 수 없으며, 배뇨와 배변도 사람 손을 빌려야 한다. 그래도 그 이름처럼, 위험한 순간에서 스스로 한 발 내디뎌 살아나왔다. 그리고 다시 사람의 손을 잡아주었다.

7. 함께 살기 어려운 고양이

 누군가와 함께 살고자 할 때 따지는 것 중 하나가 아마도 성격일 것이다. 누구나 자신이 애정을 준 만큼은 적어도 돌려받고 싶다. 심지어 상대가 먼저 자신을 좋아해주고 더 많은 애정을 표시하기를 바라기도 한다. 이런 성향은 특히 반려동물을 선택할 때 두드러진다. 그래서 입양공고를 보면 "친화력이 좋다.", "사람을 좋아한다.", "무릎냥이다." 같은 문구가 항상 있다. 사람을 좋아하지 않고, 공격성이 있으며, 사나운 개체는 공고가 된다고 해도 입양 가능성이 낮다. 그래서 사나운 고양이는 운이 좋을 경우 중성화 후 방사되지만, 운이 나쁠 경우 안락사의 수순을 밟는다. 사람을 좋아하고, 사람 손길에 익숙해져 있는 고양이도 사람의 손길을 받지 못해 명을 달리하는 경우가 많은데, 사나운 고양이까지 챙겨야 하냐는 의문이 들 수 있을 것이다. 이번 장에서 소개할 춘장과 단지, 미카가 그런 질문에 대한 답이 될 수 있길 바란다.

🐈 처음부터 끝까지 야생 고양이였던 춘장과 단지

춘장과 단지는 지영 씨가 시 보호소에서 만난 고양이들이다. 2013년 동물보호법이 동물복지법으로 개정되면서, 시 보호소는 길고양이 포획을 원칙적으로 하지 못하게 되었다. 하지만 춘장과 단지가 포획되었던 2012년만 해도 그렇지 않았다. 당시는 보기 싫다, 좋아하지 않는다, 시끄럽다는 등의 아주 개인적이고 인간중심적인 이유로 많은 야생 길고양이가 포획되어 보호소로 인계되었다. 야생동물이 일반 가정에 입양될 수 있을 리 만무한 일. 이 야생 고양이들은 그대로 일정 기간이 후에 안락사되었다. 안락사라기보다는 살처분이

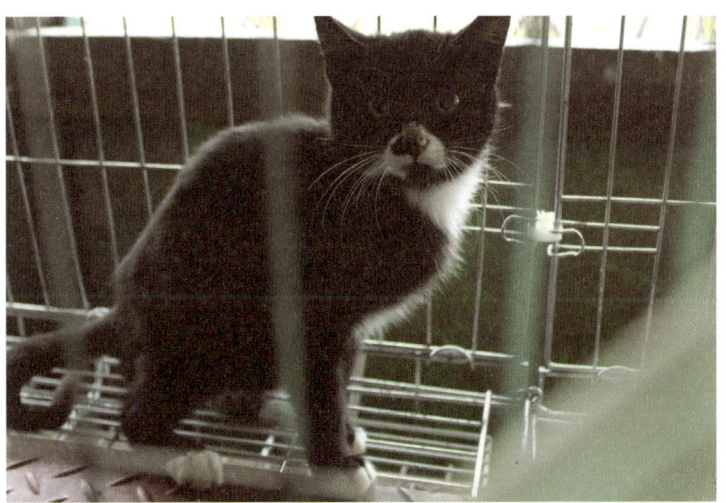

보호소 시절의 어린 춘장.

라고 표현해야 옳을지도 모르겠다. 지영 씨가 만났던 춘장과 단지 역시 그런 야생 고양이였다. 아주 어린 새끼고양이였지만, 수개월을 보호소 철장 안에 있으면서도 야생성을 전혀 잃지 않았다. 이대로 입양을 못 가면 안락사라는 결론밖에 남지 않은 상태에서 겨울이 찾아왔다.

겨울은 모든 생물에게 혹독하지만, 보호소의 생명들에게는 더욱 그렇다. 도망갈 길도 없는 차가운 철장, 죽어나가는 어제의 동료, 얼음같은 공기와 함께 번지는 전염병, 절망과 공포의 울음과 냄새. 혹독한 그 시기라도 일단 넘기고 보자는 마음으로 봉사자 중 몇이 힘을 모아 임시 쉼터를 꾸몄다. 춘장과 단지는 한겨울의 보호소에서는 버티지 못할 것 같은 동물들과 함께 그곳으로 옮겨졌다. 둘은 그곳에서도 새 가족을 만나지 못한 채 1년을 채웠다. 건물주가 임대계약 연장을 하지 않아 임시쉼터가 사라질 때까지였다. 그동안 조금이라도 순화되거나 사람을 따르길 바랐지만, 둘은 여전히 발톱을 세우며 경계를 늦추지 않았다. 그렇다고 아주 어릴 때 입소해서 쭉 밥을 받아먹어온 둘을 길로 돌려보낼 수도 없었다. 사냥 능력도 알 수 없었고, 새로운 영역에 적응할 수 있을지도 의문이었으며, 싸움에 휘말려 위험해질지 모른다는 걱정도 있었다. 고민 끝에 지영 씨는 낙향한 부모님에게 둘을 부탁했다.

시골에서 작게 과수원을 하는 부모님에게 둘을 데려가면서도 지영 씨는 제한된 공간에서 성장한 둘이 너른 들과 산에 적응할 수 있을지 의문스러웠다. 하지만 춘장과 단지는 그런 지영 씨의 의문에 대수롭지 않다는 듯 시크하게 대답해주었다. 고양이도 자연의 일부라고 말이다. 한동안 철장에서 적응 기간을 두었다가 풀어주고, 뒷마당에 작은 집과 급식소를 만들어주었더니, 춘장과

쉼터에서의 춘장과 단지. 둘은 서로를 의지한 채 사람에게는 곁을 거의 내주지 않았다.

단지는 놀라울 정도로 잘 지냈다. 둘은 그야말로 야생 고양이였던 것이다. 낮에는 일광욕을 하다가 나무를 타고 다니거나 참새나 나비를 쫓아다녔고, 지영 씨의 부모님이 과수원의 나무를 돌볼 때면 그 뒤를 냥냥거리며 따라다녀 사랑받았다. 보호소와 쉼터에서 돌보며 사람에게 마음 열기를 그렇게 기다렸던 두 아이인데 말이다. 심지어 춘장은 지영 씨의 어머니에게 안기기까지 했다.

그러나 두 고양이의 행복한 봄날은 그렇게 길지 않았다. 여름날 잡초처럼 무성하던 춘장의 생기가 조금씩 빠져나갔다. 털결에서는 윤기가 사라졌고, 코를 박고 먹던 밥은 깨작거리기 일쑤였다. 과수원 과실처럼 통통하게 살이 올

모든 것은 제 자리에 있을 때
가장 아름답다.
고양이 역시 그렇다.

랐던 몸 역시 여위어가갔다. 범상치 않은 상태에 춘장을 잡아서 동물병원으로 향했다. 명확한 병명은 나오지 않았고, 피검사 결과는 빈혈이었다. 그대로 입원시켜 수혈을 받으며 상태를 지켜봤고, 다행히 일주일 사이에 빈혈 수치와 식욕이 정상화 되었다. 퇴원을 해 햇볕과 바람이 충만한 과수원으로 돌아왔다. 집으로 돌아오고 다시 행복한 과수원 고양이가 된 지 몇 달, 춘장이 다시 식욕을 잃고 마르기 시작했다. 이번에는 지영 씨가 과수원으로 내려가 서울의 큰 병원으로 옮겼다. 결과는 안타깝게도 복막염이었다.

이제 겨우 세 살 남짓, 보호소와 쉼터에 있었던 2년여의 시간을 제외하면 이 둘이 진정 행복하게 산 시간은 얼마 되지도 않았다. 이번 고비만 넘기고 나면 둘의 본성 그대로 자연을 향유하며 고양이답게 살 수 있을 터였다. 그러나 복막염은 발병 후 예후가 상당히 좋지 않고, 치사율이 매우 높은 병이다. 그리고 춘장 역시 그 통계에서 벗어나지 못했다. 치료에도 차도가 없었던 춘장은 일주일 정도를 버티다 입원실에서 세상을 떠났다.

춘장이 떠나고 얼마 지나지 않아 그 뒤를 따르기라도 하듯, 단지에게도 비슷한 증상이 나타났다. 밥에 입대는 빈도가 현저히 떨어졌고, 몸이 마르며 털에 윤기가 가셨다. 마치 생명이 조금씩 산화되고 있는 듯했다. 춘장과 달리 단지는 사람에게 전혀 곁을 내주지 않았다. 돕고 싶은 마음이야 굴뚝같았지만, 포획은 애초에 불가능한 일이었다. 방법은 통덫으로라도 포획하는 것뿐이었지만, 시골에 그런 덫이 있을 리 없었다. 병원에서 타온 약을 먹이며 나아지기를 기도하는 것만이 단지에게 사람이 해줄 수 있는 일의 전부였다. 그사이 소식을 들은 지영 씨가 통덫을 구해 과수원을 갈 일정을 잡았다. 하지만 단지의 병은 그만큼의 시간도 기다려주지 않았다. 지영 씨가 내려가기도 전에 단지는 급히 세상을 떠났다.

춘장과 단지는 날 때도 야생 고양이였고, 죽을 때도 소수의 사람에게만 곁을 허용한 야생 고양이였다. 시끄럽거나 더럽거나 무섭거나 보이지 않는 곳에 볼일을 보고 죽는 게 싫다거나 이도저도 아니고 그냥 싫다는 이유만으로 잡아가 달라고 하지 않았더라면, 둘은 그들이 태어난 곳에서 힘들지 모르지만 자유롭게 살다가 죽었을 것이다. 과연 우리에게 우리의 기호에 맞지 않고 우리의 눈에 거슬린다는 이유만으로 거기서 나고 자란 생물을 격리하고 죽일 권리가 있을까?

지금도 춘장과 단지는 그리 길지는 않았지만 가장 행복한 시간을 보냈던 지영 씨 부모님의 마당 양지바른 곳에 누워 과수원 고양이로 볕쬐기를 하며 잠들어 있다.

🐈 사람이 무서웠던 고양이, 미카

소진 씨가 구조했던 미카는 시 보호소에 누워 있던 고양이였다. 먹지도 마시지도 않은 채 누워만 있었다. 자세히 살펴보니 턱이 이상했다. 비전문가의 눈에도 심각해 보였다. 그 말인즉슨, 돈과 마음이 엄청나게 소진될 것이라는 뜻이었다. 고양이 역시 힘들 터였다. 어쩌면 안락사가 더 나을지도 모르겠다는, 어쩌면 뒤돌아서 나오는 게 더 나을지도 모르겠다는 생각을 소진 씨는 했다. 그렇지만 이번에도 역시 외면할 수는 없었다.

이 . 많 . 은 . 고 . 양 . 이 . 는 . 어 . 디 . 에 . 서 . 왔 . 을 . 까 .

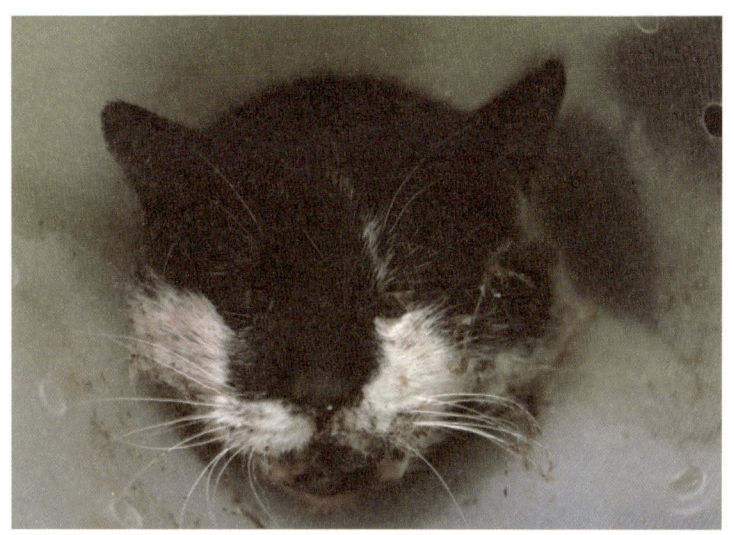

보호소에서 병원으로 옮겨온 미카. 턱 주변이 처참하다.

보호소에서 미카를 데리고 나온 소진 씨는 그대로 병원으로 향했다. 잔뜩 예민해져 있던 미카는 도와주려는 사람의 손길에도 거칠고 사납게 반응했다. 마취를 하고서야 검사를 할 수 있었던 의료진은 사고를 당해 턱뼈가 부러진 것으로 보인다며, 미카의 상태를 설명했다. 이미 턱뼈 대부분이 소실되었고, 이빨 역시 제 위치를 찾지 못한 채 어긋나 있을 뿐 아니라, 한쪽 눈도 빛에 반응을 보이지 않는다. 그것이 미카의 당시 상태였다.

대개의 시 보호소와 마찬가지로, 미카가 있던 보호소에서도 치료는 이루어지지 않았던 듯했다. 부상당한 상태로 입소해 방치되었던 탓인지 미카의 상처 부위는 썩어가고 있었으며, 뼈와 근육조직 역시 많이 소실된 상태였다. 염증 수치 역시 무척 높아서, 수치가 떨어지기 전까지는 적극적인 치료를 할 수조차 없었다. 한동안은 항생제를 투여하며 염증부터 잡아야 했다.

　병원에 있는 동안에도 미카의 존재감은 분명했다. 상처에서 나는 썩은 냄새 때문이었다. 미카가 누워 있는 철장을 열면 역겨운 냄새로 자신도 모르게 눈살을 찌푸리게 되곤 했다. 그런 상태였지만, 미카는 고개를 들어 보였다. 경계를 하는 것인지 반기는 것인지 알 수 없었지만 말이다. 상처 때문에 나는 지독한 냄새에 묵직해졌던 소진 씨의 가슴은 미카가 고개를 들면 한층 더 내려앉았다. 미카가 고개라도 조금 들면 소실되고 얼마 남아 있지도 않은 뼈가 그대로 보였기 때문이었다. 똑바로 마주하기에는 너무도 처참한 모습이었지만, 그래도 미카는 살았다. 살아내었다.

　두 달 동안 수술을 거듭한 끝에, 턱뼈에 고정철사를 삽입해 턱을 지탱할 수 있게 되었다. 이제 튜브가 아닌 자기의 입으로 밥을 먹을 수 있게 된 것이다. 그 정도로 기력을 찾고 나니 미카의 성격과 생각이 드러났다. 바로 "사람은 믿을 수 없어."였다. 한동안 미카는 사람 앞에서는 음식을 먹지 않았다. 때때로 공격성을 보이며 날카로운 소리도 내고 물려고 했다. 하지만 차츰 공격성을 보이는 횟수도 줄어들었고, 사람의 손길도 받아들였다. 포기, 납득 혹은 심리적 안정. 미카는 그 즈음 어딘가에 와 있었다.

　상처도 나아지고 미카의 마음도 안정되면서, 소진 씨나 의료진은 미카를 쓰다듬거나 안을 수도 있게 되었다. 하지만 누가 봐도 알 수 있었다. 미카는 사람의 손길과 품을 인내하고 있었다. 사람이 쓰다듬고 안거나 몸을 문지르면 미카는 잔뜩 몸을 웅크렸다. 사람을 무서워했고, 거부했으며, 사람의 손이 닿지 않는 구석으로 숨으려고 했다.

이 . 많 . 은 . 고 . 양 . 이 . 는 . 어 . 디 . 에 . 서 . 왔 . 을 . 까 .

목욕 당한 뒤 잔뜩 움츠려서 경계하고 있는 미카.

 이렇게 사람을 좋아하지 않는 녀석이, 고양이만 좋아하는 녀석이 과연 제자리를 찾을 수 있을까? 당시의 미카를 본 사람이라면 누구나 떠올렸을 그 질문을 소진 씨 역시 스스로에게 던지고 있었다. 사람을 좋아하고, 제게 거슬리는 짓을 해도 성질을 부리거나 할퀴지 않는 순한 고양이도 입양 갈 곳을 찾기 힘든 것이 현실이기에, 사람을 따르지 않는 아이는 제자리로 돌려보내고 순하고 진화석인 개체의 입양에 십숭하는 것이 낫다는 것을 알고 있었다. 하지만 철사가 지탱하고 있는 미카의 턱은 야생 고양이의 텃세나 거친 음식, 거친 환경을 감당해낼 수가 없다. 혹시 영역 싸움에 휘말린다면 질 것이 뻔했다. 사람의 발에 슬쩍이라도 차인다면 턱이 어떻게 될지 모를 일이었다. 이름만 방사일 뿐, 죽으라는 것이나 다름없었다.

사람이라면 피하고 보던 미카는 새 가족을 만나 마음을 열었다. 물론 미카처럼 마음을 열어주는 고양이도 있지만, 그렇지 않은 경우도 있다.

다른 선택지는 없었다. 소진 씨는 미카의 입양글을 작성해 게시했다. 당시 소진 씨는 통상적인 입양글을 작성하고 간절한 마음을 담아 덧붙였다.

> 시간이 걸릴 뿐입니다.
> 저 사람이 날 때리지 않고 나를 해치지 않는다는 걸 깨닫게 되면 마음을 열어주지 않는 고양이는 없습니다. 우리 미카에게 기회를 주실 분을 기다립니다.

이 . 많 . 은 . 고 . 양 . 이 . 는 . 어 . 디 . 에 . 서 . 왔 . 을 . 까 .

소진 씨의 간절한 마음과 절박한 미카의 상황이 누군가의 마음을 움직였던 것일까. 친화력도, 애교도, 품종도 없는 미카가 가족을 찾았다. 턱뼈가 소실된 채 상처 부위가 썩어가던 한 고양이가 길고 힘든 길을 걸어 마침내 한 인간을 만나고 한 가족의 구성원이 되었다.

미카는 합리적인 판단을 하고도 마음을 따라서 행동했던 소진 씨 덕분에 안온한 현재를 가질 수 있었다. 많은 시 보호소의 철장에서, 길거리 어딘가의 으슥한 곳에서 제2, 제3의 미카가 지금도 누워 있을 것이다. 그러나 구조자는 한정되어 있고, 재원과 인력 역시 그렇다. 아무리 두 손 가득 안아 올려도 발밑에는 항상 그렁그렁한 눈으로 올려다보는 생명이 있다. 부상 정도가 너무 심각하고, 치료 비용이 너무 많이 들며, 사람에게 친화적이지도 않기 때문에 숨 쉬고 있으면서도 과거가 되어버리는 아이들이 있다. 그들 중 누구를 살리고 누구를 죽도록 두어야 하는 걸까? 그리고 우리에게 그들의 생과 사를 결정할 권리가 있을까? 그러나 돌볼 수 있는 시간이나 능력, 돈이 없는 상태로 일단 구조부터 하고 보는 것은 또 어떤가? 구조 후에라도 돌볼 자질이나 기술이 부족할 경우에는 또 어떻게 해야 하는가?

내킬 때만 친화적인 고양이, 님프

2015년의 여름, 한 고양이가 길 위에 섰다. 님프라는 이름의 네댓 살은 되었을 거라는 아비시니안 암컷이었다. 고양이가 어느 정도 크고 난 이후로 주인은 반복적으로 가출을 유도하고 현관 밖으로 내놓기를 반복했다고 한다.

여왕님처럼 당당하고 우아한 모습은 단번에 나를 사로잡았다. 하지만 태도마저 여왕님과 똑같았던 님프는 오로지 자신이 원하고 허락할 때만 사람의 접근과 돌봄을 받아들였다.

이 . 많 . 은 . 고 . 양 . 이 . 는 . 어 . 디 . 에 . 서 . 왔 . 을 . 까 .

"화장실을 치우기 싫고, 키우기 질렸다."는 것이 이유였다. 복도에 내놓았더니 자꾸 집으로 찾아와서, 살고 있는 건물의 지하 주차장에 두고 오기까지 했다. 오가는 자동차에 치여 언제 죽을지 모를 상황에 놓인 님프를 본 이웃이 구조자에게 연락한 덕분에, 님프는 다른 삶을 찾을 수 있었다. 구조자는 직접 주인을 만나 소유권을 넘겨 받으면서 님프를 안아 들었다. 데려가는 사람이 누구인지, 어디로 가는지, 어떻게 될지에는 조금의 관심도 없었던 주인이지만, 님프는 그곳을 떠나올 때 구슬프게 울었다고 한다.

임시보호를 하며 천천히 님프가 갈 곳을 찾으려 했지만, 상황은 여의치가 않았다. 님프와 구조자의 고양이들 사이가 무척 좋지 않아 님프를 철장에 격리해두어야 했던 것이다. 새로 고양이가 들어오면, 기존 고양이들이 텃세를 부리며 공격하는 경우도 있고, 새 고양이가 기존 고양이에게 공격성을 보이는 경우도 있는데, 님프의 경우에는 두 가지 일이 동시에 일어났다. 구조자는 임시보호처를 찾기 시작했고, 그 소식은 우연히 내게까지 와닿았다.

님프는 임시보호 경험이 별로 없는 나같은 사람도 턥석 하겠다고 말해버릴 정도로 예뻤다. 욕심이 앞서 나섰지만, 전화를 끊은 직후부터 걱정이 시작되었다. 모래나 사료 같은 소모품에 대한 걱정도 있었고, 입양이 장기화되면 어떻게 해야 할지에 대한 불안도 있었다. 또한 키우고 있는 두 고양이와 문제가 생길지도 모른다는 우려도 있었다. 그래도 두 고양이를 4년째 반려하면서 병치레를 해보기도 했고, 루이와 콩이 모두 무던하고 소심한 편이라 괜찮을 것이라고 생각했다.

그 주 일요일에 구조자가 데리고 온 고양이는 무척 말랐고 털도 푸석했지만 우아하고 예뻤다. 님프라는 이름이 딱 어울리는 모습이었다. 님프는 얌전했고 사람도 좋아했다. 루이와 콩이 역시 공격성을 보이지 않았다. 이대로라면 문제가 없을 것 같아 마음을 놓고 구조자를 보냈다. 구조자가 떠나자 님프는 자기 집인 것처럼 한 바퀴 둘러보고는 애교를 부리기 시작했다. 고양이 간 긴장감도 높지 않고, 보고만 있어도 저절로 미소가 번질 만큼 예쁜 고양이가 스스로 다가와 머리를 부비며 가르랑거리니 더 바랄 것이 없었다.

하지만 이 평화는 아주 짧았다. 낯선 사람은 사라졌지만, 낯선 고양이는 남았다는 걸 깨달은 루이가 격렬하게 반감을 표시했다. 하루 반 나절 동안 밥도 먹지 않았고, 간식이라도 조금 주면 먹고는 바로 토해버렸다. 뜨거운 한낮에도 베란다의 땡볕 아래 앉아서 보란듯이 시위를 했다. 루이가 포기하는 듯 보일 때쯤, 다른 문제가 드러났다. 님프는 다른 고양이와는 관계를 쌓고 싶은 마음이 없었다. 오히려 다른 고양이는 경쟁자나 장애물쯤으로 여겼고, 사람을 독점하고 싶어 했다. 사람 곁으로 다른 고양이가 오면 털을 세우고 앞발로 공격하며 위협했다. 새 고양이와 기존의 두 고양이 모두가 스트레스를 받고 있었지만, 시간이 해결해줄 것이라고 믿었다.

님프는 나와도 문제가 있었다. 앉아 있으면 무릎에 올라와 골골거리다 잠이 들 정도로 사람을 좋아하고 그 손길을 반겼지만, 여기에는 한 가지 조건이 있었다. 바로 '자신이 원할 때'였다. 즉, 님프가 원해서 스스로 다가왔을 때는 만지거나 쓰다듬어도 괜찮지만, 사람이 원해서 다가가거나 만지는 것은 싫어했다. 물거나 할퀴는 경우도 많았다. 고양이든 사람이든 관계없이, 다른 존재에 대한 믿음이 없어 보였다. 빗질이나 발톱 손질, 귀 청소, 목욕 같은 건 꿈도 꿀 수가 없었다. 빗이라도 들라치면 달아나기 일쑤였고, 억지로 잡으면 발톱과 이빨로 응수했다. 한동안은 공간을 내주고, 식사와 화장실을 제공하는 것밖에 할 수가 없었다. 다음 달에야 어설프나마 겨우 씻길 수 있었고, 그다음 달에는 입 주변을 쓰다듬고 발톱을 깎을 수 있게 되었다. 하지만 이 모든 것이 님프가 납득을 해주었을 때만 가능했다. 이때까지만 해도 이렇게 지내는 반려인과 고양이도 있는 거려니 위안했다. 이런 게 고양이를 모신다는 건가? 생각하기도 했다. 하지만 그것은 자기위안이자 무책임이었다.

임시보호를 한 지 4개월 정도가 되었을 때쯤, 입가를 만질 수 있게 해주던 님프가 손길을 거부했다. 그리고 한밤이면 날카롭게 비명을 지르기 시작했다. 방청소를 하다 바닥에서 마른 핏방울을 보게 될 때도 있었지만, 영문을 알 수 없었다. 며칠 후, 똑같이 님프가 비명을 질렀고, 현장으로 달려갔다. 구석에 웅크리고 있는 님프와 그 앞에 작게 떨어진 핏방울이 보였다. 경계하며 도사리고 있던 님프가 다시 뒷발로 턱을 긁었고, 비명이 이어졌다. 그제야 상황을 이해할 수 있었다. 고양이들에게 흔한 세균성 모낭염(Feline Acne), 고양이 턱 여드름이라고 불리는 증상이었다. 사람들 모공에 생기는 블랙헤드 같은 것이 턱 밑에 촘촘하게 생기고, 가려움증을 동반한다. 대개는 심각해지기 전에 발견되지만, 님프의 경우는 달랐다. 가려움증으로 피가 날 정도로 긁다 피딱지가 앉고 염증이 생겨 사람의 손이 닿는 게 아플 지경이 되어서야 눈에 띈 것이다. 턱도 못 만지게 하고 루이나 콩이처럼 얼굴을 늘어 확인할 수 없었기 때문이라고 변명했지만, 속은 무척 아팠다.

구조자에게 상황을 설명한 뒤, 사료를 저지방으로 바꾸고 식기 교체주기도

평화로웠던 한때. 물리적으로 얻는 것은 없었지만, 님프의 저 표정을 볼 때면 그저 흐뭇하고 기뻤다.

1일 1회에서 1일 2회로 당겼다. 하지만 그것만으로는 충분하지 않았다. 반드시 해야 하는 것은 따로 있었다. 바로 상처 부위 소독과 넥칼라[18] 씌우기이다. 상처 부위를 긁고 핥지 못하게 하는 넥칼라는 상처를 자극해서 악화되는 것을 방지하며, 소독은 염증 치료에 필수적이다. 그러나 몇 번을 시도해도 소독과 칼라 씌우기를 할 수가 없었다. 그 와중에 손등과 팔이 긁히고 몇 군데 물리기까지 했다. 나름의 최선이었지만, 충분한 최선은 아니었다.

---

18 엘리자베스 칼라라고도 부르는 것으로, 고깔이나 깔때기를 뒤집어놓은 것과 유사하며, 목에 넓은 칼라 형태의 가리개를 씌워 상처 부위를 핥지 못하도록 하는 기구이다.

이 . 많 . 은 . 고 . 양 . 이 . 는 . 어 . 디 . 에 . 서 . 왔 . 을 . 까

임보 기간이 길어지면서, 어쩌면 셋째로 들이게 될지 모르겠다고 생각했던 님프. 그런데 막상 님프에게 가장 사람의 손길이 필요한 때에 나는 아무것도 할 수가 없었다. 싫어하는 님프를 다잡고 억지로 약을 먹이고, 소독을 하고, 칼라를 씌우는 일을 수행하지 못했다. 그 순간, 내가 님프에게 독이 되고 있음을 깨달았다. 4년 가까이 두 고양이를 키운 집사로서 결코 하고 싶지 않은 말이었지만, 구조자에게 상황을 설명하고 더 이상 임보는 어려울 것 같다, 님프를 보살피는 데는 나보다 더 숙련된 집사가 나을 것 같다는 이야기를 했다.

님프의 이동 일정을 잡는 동안, 님프의 상처는 덧나고 낫기를 반복했다. 칼라만 씌우면 금세 나을 수 있는 상처이고, 바로 벗어날 수 있는 고통인데도 무능한 사람 하나 때문에 님프는 이틀에 한 번꼴로 밤이면 제 상처를 긁고 핥다가 비명을 지르곤 했다. 다행스럽게도 병원 이동 일정을 잡는 사이에 님프에게 입양을 전제로 한 임보 제의가 들어왔다. 가슴을 묵직하게 누르던 돌덩어리 하나가 내려간 기분이었다.

님프가 떠나던 순간에도, 나는 님프를 안아서 잘 가라고 인사할 수 없었다. 님프가 안기는 걸 싫어하고, 억지로 안아 들었다가 혹시라도 화를 내며 할퀴거나 물까 봐 무서웠기 때문이었다. 간식을 이용해 님프를 이동장 안으로 유인한 뒤 문을 닫았다. 그 안에서 님프는 한동안 궁시렁거렸고 날카롭게 울부짖었다. 님프는 뭐라고 말하고 있었을까? 현관 앞에 이동장이 다시 놓였을 때, 날카롭던 님프의 울음이 작고 구슬픈 것으로 바뀌었다.

병원에 도착한 님프는 착한 아이처럼 약도 잘 먹고 치료도 잘 받았다고 한다. 그리고 새 집으로 옮겨가서 잘 지냈다. 돌연 화를 내고 공격성을 보이기도 하지만, 그런 님프를 이해하고 온전히 받아들여주었다. 감사할 따름이다.

 님프를 보낸 후로도 오랫동안 한 가지 의문이 머릿속에서 떠나지 않았다. 나는 무책임한 임보자인가? 내 안의 슬픔과 미안함을 생각하면 그럴지도 모른다. 하지만 그대로 두었다면 님프의 상태는 더 악화될 수도 있었고, 더 잘 돌봐줄 수 있는 임보처를 못 찾았을 수도 있다. 그렇다면 내 행동은 책임감이 있는 것인가? 과연 어떤 행동이 책임감 있는 행동이며, 어떤 행동이 무책임한 것인가? 그리고 누가 그것을 결정할 수 있는가?

이 . 많 . 은 . 고 . 양 . 이 . 는 . 어 . 디 . 에 . 서 . 왔 . 을 . 까 .

8. 반려인의 변화와 파양

산업화와 도시화로 1인 가구가 급증하면서, 1인 가구를 위한 시장 역시 함께 성장했다. 그중에는 반려동물산업도 포함되어 있다. 어떻게든 옆을 데우고 싶고, 애정을 나누고 싶었던 사람들은 집 밖에 있던 개나 고양이, 햄스터, 토끼 등을 집 안으로 끌어들였다. 여기까지였더라면 큰 문제는 없었을 것이다. 문제는 필요가 다한 경우이다. 〈경향신문〉은 농림축산식품부 통계를 인용해 "경제적 이유, 변심 등으로 버려지는 반려동물의 수가 한 해 10만 마리에 육박"한다며, "2013년 발생한 유기 동물은 97,197마리였으며, 2014년에도 81,147마리나 됐다."라고 보도했다.[19]

---

19 경향신문, 홍진수, 2015.09.01., "http://h2.khan.co.kr/201509010953051"

"경제적인 이유, 변심 등"을 좀 더 구체적으로 풀어보면 "임신", "출산", "군대", "해외 유학", "이민", "가족의 반대" 등이 되지 않을까 싶다. 실제로 처음 고양이를 데려오겠다고 마음을 먹고 고양이 인터넷 커뮤니티에 들어갔을 때, 생각보다 많은 입양글과 그 내용에 놀랐다.

결혼을 하는데 예비 배우자가 반대한다며 수년을 키운 고양이를 입양 보내는 경우도 있었고, 해외로 워킹홀리데이를 떠나기 때문에 보낸다는 사람도 있었다. 또 자취를 하다가 고향으로 돌아가야 하는데, 부모님은 고양이를 싫어해서 보낸다는 사람도 있었다. 그 외에도 기숙사에 들어가야 해서, 이사한 집이 동물을 금지해서, 처음부터 가족이 반대를 했는데 갈수록 반대가 심해져서 등의 이유가 있었다.

🐈 함께 외국으로 갈 수 없었던 치이

지영 씨가 돌봤던 고양이 중에 그런 일을 겪은 아이가 있다. "치이"라는 이름의 고양이다. 2개월도 되지 않은 치이를 보호소에 입소시킨 사람은 한 달 정도 집에서 키웠다며 보호소에 입소시키는 이유조차 제대로 설명하지 않고 돌아섰다. 별로 놀랍거나 새로운 일은 아니었다. 추측할 수 있는 이유야 몇 가지 있었지만, 그런 것을 따지는 것은 무의미한 일이었다.

보호소에서는 치이에게 비좁은 철장 속 한 공간을 내주었다. 저간의 사정에도 치이는 보호소에서 예쁨을 독차지했다. 어린것답게 발랄했고, 잘 먹고 잘 놀고 잘 쌌다. 예쁘기도 보통 예쁜 것이 아니었던지라, 임보처를 구해 입양을

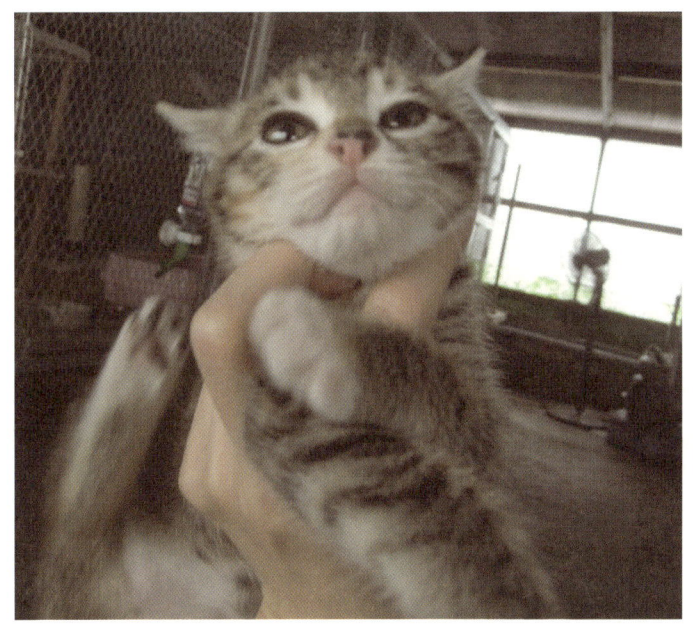

예쁜 얼굴과 구김살 없고 활발한 태도로 봉사자들의 예쁨을 듬뿍 받았던 치이.

진행했고, 별 어려움 없이 입양도 갔다. 그렇게 모든 일이 잘 끝난 것 같았다.

7개월이 지났을 때쯤, 치이의 입양자에게서 연락이 왔다. 치이를 돌려보내야 할 것 같다는 이야기였다. 원래 해외에 거주했던 입양자는 한국을 떠날 일이 없을 것이며, 한국을 떠나더라도 치이와 함께 할 것이라고 약속하며 입양했다. 하지만 다시 왔던 곳으로 돌아가야 하기 때문에 어쩔 수 없다며 치이를 돌려보내야겠다고 했다. 그리고 그 '어쩔 수 없는' 부분에 대해서는 명확히 밝히지 않았다.

물론 동물과 함께 해외로 나가는 것은 매우 어렵고 번거로우며 비싼 일이다. 해외로 나가기 훨씬 전부터 준비를 해야 하며, 광견병 예방 접종을 비롯한 각종 예방접종을 필수적으로 해야 하고, 비행기 수송 가능 여부, 출국 및 입국 검사에 필요한 사항, 계류지에서의 소요 시간 등 챙겨야 할 것이 무척 많다. 이 과정은 각 나라마다 다르고, 어떤 나라의 경우에는 아예 전문업체를 이용하라고 권고하기도 한다. 또한 기내반입이 가능한 동물의 무게와 크기가 항공사마다 정해져 있는데, 이 기준을 초과할 경우 동물은 꼼짝없이 차가운 화물칸 신세다. 낯설고 추운 환경에서 보호자와 떨어져 이동해야 할 뿐 아니라, 계류장에서도 긴 시간을 보내야 하는 경우가 허다하다. 그러니 인간에게도 동물에게도 무척 스트레스 받는 일임에는 분명하다. 그래서 많은 구조자가 입양을 보내기 전에 신청자의 유학이나 이민 등의 가능성을 꼼꼼하게 따지는 것이다. 하지만 일단 가족으로 받아들였다면, 아무리 스트레스 받고 어렵고 번거롭고 비싼 일이라도 포기해서는 안 되는 것 아닐까? 아니면 가족을 포기하게 한 다른 이유가 있었던 것일까?

사실, 입양자의 이유가 무엇이든 치이에게는 큰 상관이 없다. 버려졌다는 사실만이 있을 뿐이다. 지영 씨는 이 이야기를 해주면서 몇 번이고 "그래도 저에게 다시 연락해줘서 다행이었어요."라고 말했다. 그러면서 "혹시라도 치이 이야기에 마음 상하시는 거 아닐지 걱정스러워요."라고도 했다. 치이의 전 입양자가 혹시라도 나쁜 사람으로 비칠까 걱정하는 모습이었다.

지영 씨의 마음을 더 아프게 했던 것은 치이의 변화였다. 지영 씨에게 돌아온 치이는 예전 모습은 찾아볼 수도 없을 정도로 변해 있었다. 입양 전의 치이는 개 짖는 소리로 귀가 아픈 보호소에서도 잘 자고 놀며, 다른 고양이와 사람

이 . 많 . 은 . 고 . 양 . 이 . 는 . 어 . 디 . 에 . 서 . 왔 . 을 . 까

지영 씨의 집으로 돌아온 치이는 예전의 그 고양이가 아니었다.

에게 좋다고 기대던 애교쟁이였다. 하지만 돌아온 치이는 경계심이 무척 심했다. 전 입양자를 제외하고는 아무도 만질 수 없었고, 오로지 그녀에게만 몸을 맡겼다. 이 부분이 특히 곤란했는데, 아픈 치이를 지영 씨가 제대로 돌볼 수 없어서였다. 지영 씨 집으로 돌아오기 전에 치이는 중성화 수술을 거쳤다. 지영 씨 집에는 고양이가 많은지라 치이에게 발정이 오면 큰 문제가 될 수도 있었고, 책임비 대신에 요구했던 중성화 수술을 파양 전에 충족시켜 달라고 요청하기도 해서였다. 전신마취에 개복까지 해야 하고, 치이에게도 상실감이 들 수술이니 만큼, 아픈 치이를 그녀가 간호해줬으면 하는 마음도 있었다. 적어도 치이가 그 정도 대접을 받았으면 하는 바람이었다.

새 가족을 만난 치이.
치이와 입양자는 서로에게 서로의 삶을 바꿔준 소중한 존재가 되었다.

하지만 치이는 중성화 수술을 하고 상처가 아물기도 전에 병원에서 지영 씨 집으로 보내졌다. 전 입양자에게도 사정이 있었겠지만, 제대로 아물지도 못한 수술 부위에 끙끙거리며 사납게 구는 치이를 보니, 지영 씨 역시 화가 나기도 하고 마음이 찢어지는 것 같았다.

낯선 환경, 아픈 몸, 믿고 사랑하는 주인도 없는 현실 때문이었을까? 치이는 지영 씨에게는 물론, 다가오는 다른 고양이에게도 화를 내며 사납게 굴었다. 어찌나 예민하고 공격적인지, 그간 여러 고양이를 만나봤던 지영 씨였지만, 넥칼라를 씌울 엄두도 못 낼 정도였다고 한다.

한동안 털을 세우고 있던 치이는 서서히 수그러들었다. 환부가 아물면서 마음의 상처도 나아지고 예민했던 신경도 평소로 돌아온 것일지도 모른다. 치이는 서서히 지영 씨와 다른 고양이에게 곁을 허락했고, 차츰 예전의 그 애교 많고 쾌활한 고양이로 돌아왔다. 출퇴근길 배웅과 마중은 기본이고, 이름을 부르면 대답을 했으며, 잘 때면 옆에 와 팔베개를 하고 잠들었다. 싸울 듯 을러대던 고양이들과도 함께 어울렸다. 그것은 적응이었을까, 아니면 포기였을까.

치이가 다시 예전의 사랑스러운 모습을 되찾자, 치이의 거취에 대한 고민이 시작되었다. 사람에게 두 번이나 버림받은 기억이 어딘가에는 분명 남아 있을 터였다. 입양갈 수 있을지에 대한 현실적인 고민은 차치하고라도, 이번에 입양을 보내는 것이 세 번째 버림으로 기억되지는 않을지, 혹시 입양처가 나타난다 해도 다시 파양이나 유기로 이어지지는 않을지에 대한 고민이었다. 이미 너무 많은 기억이 있었다.

그럼에도 지영 씨는 다시 한 번 사람을 믿기로 했다. 다시 입양처가 나타났고, 치이는 새로운 가정으로 향했다. 치이 역시 다시 사람을 믿었다. 새 가족을 만난 치이는 특유의 사랑스러움을 한껏 발산하며 그 집 최고의 애교쟁이가 되었다. 그렇게 입양자와 치이는 서로에게 서로의 삶을 바꿔준 존재가 되었다.

사람의 사정

입양글을 보다 보면, "결혼이나 출산 후에도 포기하지 않을 분을 찾는다."라는 내용을 발견하게 된다. 반려동물의 삶을 뒤흔드는 사람의 사정 중 가장 큰 것이 결혼과 출산이기 때문이다. 반려인의 결혼 및 출산 문제는 아주 심각하다. 그래서 심심찮게 이런 글을 볼 수 있다. "예비 신랑이 고양이를 싫어해요, 고양이도 예비 신랑에게 하악질을 하구요, 어쩌죠?", "신혼집에서 고양이를 키울 수가 없대요, 어쩌죠?", "양가에서 고양이를 반대해요. 버리든지 어디 주라고 하는데 어쩌죠?" 구구절절 쓰여 있는 사정을 읽다 보면 '당신의 고양이는 당신이 가장 잘 알 텐데, 무슨 답을 듣고 싶은 거예요?' 하는 생각도 든다. 커뮤니티에 가입되어 있지 않거나 글을 게시하지 않는 사람까지 고려한다면 유사한 고민을 하고 있는 반려인의 수는 상당할 것이다.

현실에서도 결혼하면서 애지중지하던 고양이를 '좋은 데'로 보낸 사람을 꽤 보았다. 그들은 결코 그 고양이가 '좋은 데'에서 어떤 삶을 살고 있는지 확인하지 않는다. 그저 그 고양이를 '좋은 데'에 보내는 것으로 마침표를 찍어버린다.

그러나 '좋은 데'로 간 고양이가 만나는 현실은 그리 녹록치 않다. 결혼을 이유로 재입양·유기·파양되는 개체의 가장 큰 문제는 나이다. 반려인이 독립

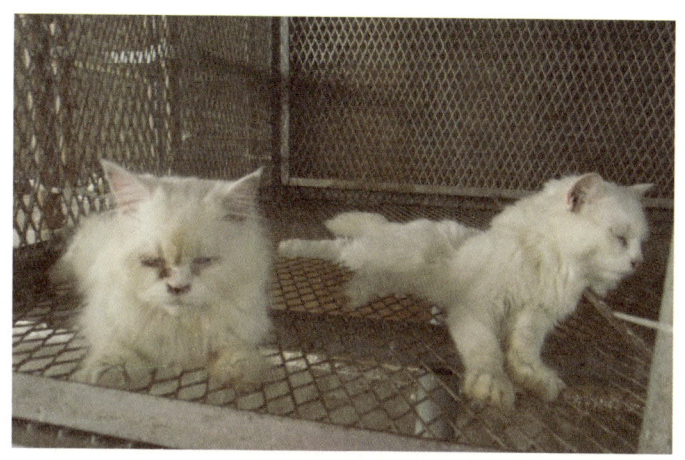

시 보호소 철장 속의 페르시안 고양이. 결막염으로 눈가에 눈곱과 진물이 엉겨 붙어 있다.

후 함께 살다가 결혼을 하는 데까지 걸린 시간만큼 동물은 늙어 있다. 나이만큼 이런저런 잔병의 가능성도 있을 수 있다. 다양한 가능성 때문에 성묘, 그중에서도 노령묘는 갈 곳을 찾기가 어렵다. 운이 좋다면 다음 반려인을 만나겠지만, 운이 나쁘다면 고양이에 익숙지 않은 사람을 만나 서로 고생을 하다가 보호소나 시골의 어딘가로 다시 이동될 것이다.

그런 흔적을 시골에서 간혹 목격할 때가 있다. 얼굴에는 거무죽죽한 눈물자국과 눈곱을 덕지덕지 붙이고, 온몸에는 엉기고 뭉친 털을 족쇄처럼 매단 채 힘겹게 살아가는 장모종의 페르시안이나 터키시앙고라 고양이가 바로 그런 것이다. 길로 내몰린 실내고양이는 너나 할 것 없이 다 힘들지만, 특히 장모종은 버티기가 어렵다. 긴 털은 혹서가 잦은 한여름에는 끔찍하도록 더운 털옷이며, 피부병이나 기생충이 생기기에는 이상적인 환경이 된다. 눈가를 닦아주고 관리해주지 않으면 결막염 역시 쉽게 생긴다. 사람이 목적을 가지고 브리딩한 품종 고양이가 길 위에서 제 힘만으로 살아남기란 사실상 불가능하다고 봐야 한다.

반려인의 임신과 출산은 훨씬 더 상황을 심각하게 만든다. 오죽하면 《임신하면 왜 개 고양이를 버릴까》[20]라는 책까지 나왔을까. "임신이 안 되는 게 고양이 때문이라고 버리라고 하세요.", "톡소플라즈마 사실인가요?"라는 질문은 결혼을 준비하는 반려인의 것보다 더욱 심각하고 진지한 어조이다. 질문자들 역시 깊이 생각하고 갈등하고 있음이 글에서도 느껴질 때가 많다. 임신과 출산이라는 단어와 양가의 압박은 반려인을 무겁게 내리누른다. 청결이나 위생, 청소, 동물의 부주의한 장난으로 아이가 다칠지도 모른다는 걱정도 있다. 동물의 털이 알러지를 유발한다며 치우기를 권고하는 의사나 안내책자, 언론도 반려인을 불안으로 내몬다. 잊을 만하면 고양이를 숙주로 한 기생충 문제가 뉴스거리로 재조명된다.

결혼과 임신, 출산과 육아라는 인생의 단계를 하나씩 걸어나갈 때마다 반려인들은 온 세상과 싸워야 한다. 자신의 고양이를 곁에 그대로 두기 위해서 말이다. 그러다 때로는 지치기도 한다. 확신을 잃기도 한다. 어떤 일이든 백 퍼센트라는 것은 없다. 다만 백 퍼센트로 만들어가야 할 뿐이다. 소진 씨는 그 백 퍼센트를 위해 노력 중인 한 가족을 알고 있다.

2012년, 소진 씨는 한 입양자에게 다 큰 고양이 둘을 보냈다. 코숏이었고,

---

20 권지형·김보경 지음, 책공장더불어, 2010. 10. 30.

입양자의 집에서의 릴라와 아기. 새 집에서 릴라는 입양자의 결혼과 임신, 출산, 육아라는 역정을 함께 경험해나가고 있다.

한 살 남짓의 성묘에 가까운 고양이들이었다. 하루 차이로 한 사람에게 입양 간 나비와 릴라는 보기 드물게 운이 좋았다. 둘을 데려간 입양자는 결혼을 하고 아이를 낳았지만, 가족의 삶에서 나비와 릴라를 제외시키지 않았다. 오히려 아기를 고양이 둘과 함께 키우고 있다. 소진 씨는 "자녀 출산을 이유로 버려지는 아이들을 생각하면, 아기와 두 고양이가 어울려 함께 잠들고 살아가는 모습을 보는 것이 스스로에게 큰 힘이 된다."라고 말한다.

자녀 출산은 반려인들에게 가장 큰 변화이다. 사랑의 결실이자 소중한 존재의 탄생이며, 수많은 다른 가족 구성원들의 참견과 긴섭, 공간 공유라는 새로운 국면의 시작이기도 하다. 한국에서 실내 반려동물 문화의 역사는 그리 길지 않다. 그 때문에 반려동물의 흔적에 매우 민감하며 거부감을 강하게 드러

바운서를 흔들며 육아를 돕고(?) 있는 나비.
아기가 제일 좋아하는 것이 고양이라고 입양자는 전했다.

내기도 한다. 반려동물 문화에 익숙하지 않을수록 더욱 그럴 수밖에 없다. 거부감을 드러내는 사람과 반려동물 사이를 중재해야 할 사람이 반려인과 그 배우자이다. 반려인과 그 배우자는 이제 두 사람 모두가 반려동물의 반려인이 되었음에 합의해야 하며, 출산이나 육아를 이유로 반려동물을 포기하지 않겠다는 데에 동의해야 한다. 그 이후 양쪽 가족 중 실내 반려동물에 대해 거부감을 드러내는 사람이 있다면, 각자가 맡아서 확신을 갖고 설득해야 한다.[21]

하지만 사전에 합의했더라도 막상 상황이 닥치면 달라질 수 있다. 반려동물이 고양이일 경우를 보자. 그 전까지 대수롭지 않게 여겼던 고양이의 날카로운 발톱이나 이빨, 흩날리는 털이 새삼 다시 보일 수 있다. 고양이가 아기를 해칠지도 모른다는 걱정이 들기 때문이다. 그러나 실제로 고양이와 아기를 함께 키우는 반려인들은 아기가 고양이를 괴롭히는 경우가 오히려 더 많다고 말한다. 꼬리를 잡아당기거나 갑자기 등에 타오르거나 물고 빨고 질질 끌고 다니는 경우도 있다고 한다. 고양이가 아기에게 질투를 하는 경우도 있지만, 반려인이 둘 사이에서 잘 중재하며 관리한다면, 큰 어려움 없이 고양이와 아기 모두를 키워낼 수 있다.

릴라와 나비를 입양한 가족의 사례처럼 결혼과 출산, 육아의 과정을 반려묘와 함께 걷는 사람들은 적지 않다. 외국까지 갈 것도 없다. 유명 인터넷 고양이

---

[21] '설득'이라고 표현하였지만, 반려동물과 함께 하는 육아를 해본 경험자들은 '선언'에 가깝다고 말한다. 부모 세대들에게 반려동물과 자녀 모두가 가족구성원이고, 반려동물이 오히려 면역을 증강시킬 수 있으며, 반려동물이 가족의 심리적 안정에 도움을 준다는 등의 말은 별로 통하지 않는다는 게 경험적 통설이다.

인내 혹은 도주,
유모묘의 선택은 둘 중 하나다.

커뮤니티인 〈고양이라서 다행이야〉에는 '육아일기 육묘일기'라는 게시판이 있다. 고양이와 아이를 함께 키우는 반려인들이 자기 이야기를 올리고 고민도 상담하는 곳이다.

그럼에도 자신에게 일어나는 변화에 따라 고양이를 포기하거나 양도 및 유기하는 사람의 수가 더 많은 것이 현실이다. 처음 그런 사례를 접했을 때는 그 무책임함과 무자비함에 분노했다. 어떻게 감히 '가족'을 포기할 수 있냐는 마음도 있었다. 하지만 의도치 않았던 경험을 통해 파양하거나 재입양을 보내는 이들을 두둔할 수는 없지만, 이해할 수는 있게 되었다.

구조자와 입양자 사이에 낀 하얀 고양이

루이를 만나기 전에 나를 스쳐간 세 마리의 고양이가 있었다. 그중 한 고양이가 당시 네 살이었던 암컷 고양이 목화다. 무척 순한 아이였고, 겁도 많았으며, 사람을 아주 좋아했다. 구조자 역시 무척 조심스럽고 세심한 사람이었다. 입양자인 나에게 줄 선물과 목화가 쓸 각종 물품, 사료까지 챙겨와 준 고마운 사람이었다.

목화의 첫 인상은 하얗고 보송보송하다는 것이었다. 그리고 이어서 넥칼라가 눈에 들어왔다. 구조자가 사전에 설명했던 스트레스 질환 때문이었다. 길에서 생활을 하다가 몸을 다치기도 했고, 구조자의 집에서 기존 고양이들에게 따돌림과 공격을 당하기도 해서인지, 당시 목화의 심리 상태는 약간 불안정했다. 그래서 피가 나도록 제 몸의 한 부위를 계속 핥아댔다. 그런 이유 때문에라도 목화는 한 집에서 오래 사랑받으며 지낼 필요가 있었다.

목화가 적응할 시간을 주려고, 구조사와 집 밖에서 한동안 대화를 하고 돌아왔다. 현관에 들어서자 구석에서 목화가 슬그머니 나오더니 주변을 보는 척 나를 살폈다. 당장 다가가 쓸어주고 싶었지만, 신경쓰지 않는 척 내 할 일을 하다가 자리에 앉았다. 잠시 후, 목화가 옆에 다가와서 그릉그릉 기분 좋다는 듯 목을 울리며 제 몸을 비볐다. 상당히 순조로운 출발이었다.

목화와 함께 한 시간은 안온했다. 목화는 나에게 호의적이었고, 나 역시 목화에게 푹 빠졌다. 목화는 내가 털을 빗겨주고 쓰다듬어주는 걸 좋아했다. 그날도 평소처럼 털을 쓸어주다가 목화가 습관적으로 핥는 부위 주변에 동그랗게 털이 빠진 곳을 발견했다. 곧 배에도 제법 크게 털 빠진 곳이 있음을 알게 되었다. 일단 구조자에게 상황을 알렸고, 구조자는 깜짝 놀라서 병원에 데려갈 것을 권했다. 나는 피부병인지 확실치 않고, 이미 스트레스를 많이 받고 있는 상태이며, 피부병은 치명적인 병이 아니므로 데려가고 싶지 않다고 했다. 구조자는 병이라면 한시라도 빨리 병원에 가야 한다고 권했다. 같은 말을 다르게 표현하며 몇 번 오가는 사이 둘의 언어는 감정적이고 거친 것으로 변했다. 상대의 말을 글자 그대로 받아들이기보다는 감정의 필터를 씌웠다. 적어도 나는 그랬다. 구조자는 만나거나 전화 통화로라도 대화를 해보고 싶어 했지만, 그녀를 만나거나 전화 통화를 해야 한다는 가정만으로도 머리가 지끈거리고 속이 울렁거릴 정도였던 나는 그럴 수 없으니 다른 수단으로 소통하자고 우겼다.

대화를 할수록 마음이 풀리거나 상황이 이해되기보다는 구조자가 나를 불

이 . 많 . 은 . 고 . 양 . 이 . 는 . 어 . 디 . 에 . 서 . 왔 . 을 . 까 .

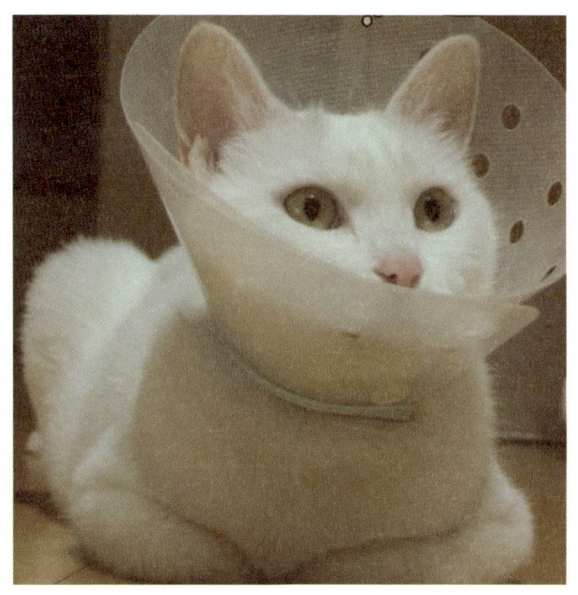

목화 꽃송이처럼 하얗고 폭신했던 박목화. 상처가 나도록 같은 부위를 핥는 이상 증세 때문에 넥카라를 하고 있었다.

신하고 무시한다는 기분만 들었다. 집에 와 목화를 보면 좋았지만, 나를 믿지 못하는 구조자와 고양이로 연결되어 있다는 것을 참을 수가 없었다. 앞으로도 또 이렇게 감정 소모를 하면서는 견딜 수 없을 것 같았다.

결국 나를 믿지 못하시겠다면 목화를 데려가라고 말했고, 그날 저녁 구조자가 집 앞까지 찾아왔다. 현관 안쪽에 쪼그리고 앉아 목화에게 계속 미안하다고 말했던 기억이 난다. 그리고 목화가 많이 울었던 것도. 목화는 돌아갔고, 그 이후로 소식은 모른다. 구조활동을 하는 사람이고, 고양이를 많이 사랑하고 잘 아는 사람이었으니, 목화를 잘 보살피고 있을 것이라 믿을 따름이다.

아들이 관리를 하지 않는다고 버려진 루이,
이유조차 말하지 않았다는 콩이.
그들도 후회하며 미안해하고 있을까?
그렇길 바란다. 그리고 무언가 배웠기를.

목화는 입양자가 구조자와의 심리적 갈등으로 파양한 사례이다. 개인 대 개인의 관계는 쉽게 변할 수 있다. 그래서 경험이 많은 구조자들은 입양자와 적절한 거리를 유지하기 위해 노력한다. 자칫하면 사생활을 침해한다거나 과도하게 간섭한다는 인상을 입양자에게 주어 관계가 단절되거나 분쟁이 생겨 파양까지 이를 수 있기 때문이다. 박목화는 그런 사례의 한 예이다.

현관에 쪼그리고 앉아 목화에게 사과하면서, 마음 한편으로는 구조자에게 미안하다고 사과하고, 돌아가라고 할까 하는 생각이 있었다. 하지만 그 '미안하다'는 말이 도무지 나오지 않았다. 그리고 다른 한편으로는 그래도 이 아이는 돌아갈 곳이 있으니까, 라는 생각도 있었다.

목화를 파양하는 일이 생기기 전까지, 고양이를 입양했다가 돌려보내는 사람의 이야기를 들을 때면 인상부터 썼다. 그런 무책임하고 몰인정한 사람은 동물을 키울 자격도 없다고 단정했다. 목화의 손을 놓고, 루이와 콩이를 받아들여 함께 살아오는 동안에도 많은 일들이 있었다. 고양이 커뮤니티는 이런저런 일들로 들끓었다. 무책임하게 구조해서 임보자에게 맡기고는 연락을 끊어버리는 구조자도 있었고, 너무 쉽게 파양하는 입양자도 있었으며, 입양한 고양이를 해치는 경우도 있었다. 또 과도하게 간섭해서 입양자와 분쟁이 났던 구조자도 있었으며, 입양사고로 정말하고 비탄에 잠기는 구조사도 있었다.

한 가지 확실한 것은 이 모든 일이 구조자와 입양자 사이에서 일어나는 개인적인 일로 다뤄지고 있다는 점이다. 그러나 개인 간의 문제는 쉽게 감정싸움으로 변질될 수 있으며, 분쟁이 생기고 나면 중재가 불가능해 걷잡을 수 없이 악화될 수 있다. 갈등이 일단 생기고 나면, 고양이를 데리고 있는 입양자는 관리를 소홀히 하거나 구박하고 유기할 수도 있으며, 구조자는 입양자에게 무리한 요구를 하거나 갑자기 집 앞으로 찾아가서 합의도 없이 고양이를 다시 돌려보내라며 요구하는 일이 생길 수 있다. 모두 실제로 있었던 일들이나.

결국, 사람 간의 갈등으로 가장 큰 피해를 입는 것은 둘 사이에 낀 고양이다. 입양자나 구조자 모두 원하는 바는 아니지만 말이다. 이런 일을 예방하기 위해서라도 구조자와 입양자 사이에 감정적인 문제가 생기는 것을 예방하고, 갈등을 중재할 중간자나 단체가 필요하지 않을까? 특히 단체가 있다면 파양에 있어서도 사정이 달라질 수 있을 것이다. 현재는 파양은 개인 대 개인의 일이며, 입양자가 구조자에게 고양이를 돌려보내는 것으로 종결된다. 하지만 이럴 경우 그 부담은 구조자에게 온전히 전가될 수밖에 없다. 단체를 통해 입양을 보낸다면, 파양 시 부담금을 설정해 무분별한 파양을 예방함과 동시에 피치 못한 사정으로 파양해야 하는 경우를 구제할 수 있지 않을까? 현재로써는 그런 일을 해주는 단체나 중간자는 없다.

우리는 동물을 집에 들일 때 '입양'이라는 단어를 쓴다. 그렇다면 그 시스템 역시 그 단어에 어울릴 만한 수준이 되어야 하지는 않을까? 이제는 적절한 체계와 관리 시스템에 대한 고민이 필요한 것은 아닐까?

이．많．은．고．양．이．는．어．디．에．서．왔．을．까．

9. 일반 애묘인의 책임

　가파르게 성장하고 있는 반려동물 인구와 사람들의 관심에 따라 반려동물 시장 역시 빠르게 움직이고 있다. 사료나 장난감, 교배업체 같은 전통적인 산업군부터 반려동물을 위한 장례·미용·성형·인테리어·사물인터넷에 이르는 신생 산업군까지 생겨났다. 그러나 이것은 모두 숫자와 화폐의 이야기일 따름이다. 동물 자체를 위한 시스템이나 동물 자체의 행복과 복지를 위한 산업이 과연 생겨나고 있는가 곰곰 생각해볼 문제이다. 그리고 늘어나는 반려동물 인구와 반려동물 수 만큼 적절한 예의와 도덕심, 책임감 교육은 이루어지고 있는지에 대해서도 성찰해봐야 하지 않을까?

🐈 귀여우니까, 데려가줄게

고양이를 좋아하고 관심을 가지는 사람이 늘어나면서, 인터넷 속 커뮤니티도 다양한 형태로 나타났다. 포털 사이트의 카페부터 페이스북의 페이지, 밴드, 카카오스토리 발행 및 구독이 그런 형태의 예라 하겠다. 커뮤니티 속 게시글을 보다보면, 흔히 "냥줍"을 했다는 이를 발견할 수 있다. 흔히들 사람을 무척 따르고, 주인이 보이지 않아 데리고 왔다며 임보해줄 사람을 찾는다. 나 역시 "냥줍"을 한 경험이 있다.

2009년 가을, 점심을 먹으러 가던 길에 한 어린 고양이가 도로로 뛰어내리는 것을 보고 달려갔다. 수염이 꺾여 있었고 상처도 있었다. 발바닥은 거칠었고, 검댕이 여기저기 묻어 있었다. 길 생활을 좀 한 듯 보였다. 지나가는 사람들이 부르는 소리에 좋다고 달려갈 정도로 친화력이 좋고 예뻤던 그 고양이를 일단 도로에서 안아 들고 주인을 찾았지만, 아는 사람은 없었다. 그대로 근처 동물병원으로 향했다. 혹시나 실종 신고가 있는지 알아보고, 없다면 데려갈 생각이었다. 검진을 한 수의사는 6개월 남짓 된 새끼고양이라며, 귀 진드기가 심하고 발바닥이 거칠며 접종이 되어 있지 않고 외상이 자잘하게 있는 것으로 보아 유기된 것 같다고 했다. 1차 접종을 하고, 퇴근 후 찾으러 오겠다며 아이를 병원에 맡겼다.

과거 고양이 커뮤니티에서 몇 차례 입양 신청을 했다가 거주 환경이나 미혼인 점을 이유로 거절당한 경험도 있었고, 평생 함께할 고양이를 길에서 만난 것이 운명처럼 느껴지기도 했다. 기본검진에 1차 접종까지 비용만 30만 원이

이 . 많 . 은 . 고 . 양 . 이 . 는 . 어 . 디 . 에 . 서 . 왔 . 을 . 까 .

처음 온 집에서 정신을 놓고 잠들어 있는 새끼고양이. 낯선 곳, 낯선 사람에도 불안함은 전혀 보이지 않았고, 느긋하고 편안한 것이 마치 여행을 나온 것만 같았다.

넘게 나왔지만, 함께 살 고양이라는 생각에 뭐든 하라는 건 다 해주고 싶었다.

 퇴근 후, 고양이를 데리고 집으로 향했다. 혹시 신상할까 걱정했지만, 그 태평한 성격은 장소가 바뀌어도 마찬가지였다. 낯선 곳에서도 움츠러들지 않았고, 관리받는 데도 두려움이 없었다. 사람의 손에 맡기보다는 쓰다듬을 받은 듯 보였다. 의심이나 경계심도 전혀 없어 사람 무릎에 제 발로 올라가 늘어져서 잠이 들었다. 그제야 유기일 수도 있지만 실종일 수도 있겠다는 생각이 들었다. 고양이 커뮤니티에 고양이 잃어버리신 분 있냐는 글을 올렸고, 당일 새벽에 주인의 댓글이 달렸다. 엄마 고양이와 함께 살고 있는 외출고양이였다. 그 주 주말, 잠시 세상 구경을 나왔던 새끼고양이는 엄마에게 돌아갔다.

많은 냥줍은 입양 보낼 것을 염두에 두고 시작된다. 하지만 전문가들은 길에서 새끼고양이를 발견하더라도 함부로 '구조'하지 말라고 한다. '납치'가 될 수도 있기 때문이다. 덥석 데려오기보다는, 사람의 냄새나 흔적을 해당 개체나 주변에 남기지 않게 조심하면서 관찰부터 해보라고 말한다. 그리고 환경이 위험하지 않고 아파 보이지 않는다면, 일단 그대로 두었다가 대여섯 시간 후에 다시 확인해볼 것을 권한다. 만약 그 자리에 없다면, 사냥을 마친 어미가 돌아와 데리고 갔을 수 있다. 특히 귀엽다고 쓰다듬거나 안아드는 것은 절대로 해서는 안 되는 행동이다. 낯선 냄새가 주변이나 새끼에게 묻으면 어미가 다시 받아들이지 않을 수 있기 때문이다.

때때로 캣맘들은 잃어버린 새끼를 찾아 헤매는 어미고양이를 본다. 그리고 보호소 봉사자들은 젖먹이 새끼고양이들이 보호소에 들어와 말라죽는 것을 본다. 친화력이 있고 예뻐서 구조하는 마음으로 새끼고양이를 집어서 입양처를 알아보려고 하지만, 구해지지 않아 원래 자리에 두고 오는 사람도 있다. 그 마음 좋은 행동 때문에 그 새끼고양이는 아주 운이 좋아야지만 살아남을 수 있을 것이다. 다른 냄새가 묻은 새끼를 다시 품어주는 어미는 야생의 세계에서는 거의 없다. 귀엽다는 이유로, 사람에게 다가왔다는 이유로, 안타깝다는 이유로 데려갔다면 책임을 져야 한다. 사람의 손을 탄 순간부터, 그 새끼고양이는 사람의 손이 아니면 제대로 삶을 살 수 없어진다.

이 . 많 . 은 . 고 . 양 . 이 . 는 . 어 . 디 . 에 . 서 . 왔 . 을 . 까 .

사진을 찍은 뒤 얼마 지나지 않아 어미가 나타났다.

🐈 조금만 일찍 손을 잡아주었다면

 측은지심을 가지고 혀를 차기는 쉽다. 안타까운 마음을 느끼며 눈물을 흘리는 것도 어렵지 않다. 정말 어려운 것은 행동으로 옮기는 것이다. 하지만 행동으로 옮기는 데는 결단력, 체력, 책임감, 그리고 돈이 따른다. 그래서 인간은 머리를 굴리며 발을 동동 구르다 스쳐 지나가기도 하고, 사진을 찍고 글을 써서 도움을 요청하기도 한다. 누군가 실제로 와서 손에 피를 묻히고 카드를 긁고 마음 한 쪽을 내어줄 때까지 말이다. 이 공백은 때로는 별것이 아니지만, 때로는 너무 길어서 생명의 근간까지 뒤흔들기도 한다.

 2012년, 소진 씨는 한 커뮤니티에서 교통사고를 당해 고통스러워하는 고양이를 목격했다며 걱정하는 글을 보았다. 후일 힘찬이가 될 아이에 대한 글이었다. 걱정이 되었지만, 한 동물보호단체에 문의를 해두었다는 말에, 그 단체의 누군가 움직일 것이라고 생각했다. 살펴야 할 고양이도 많고 해야 할 직장 일도 많으니, 그 고양이는 그대로 시간에 묻혀 과거가 되어갔다. 그리고 닷새가 흘렀다. 누군가 구조했겠거니 잊고 지냈던 그 고양이가 병원이 아닌 보호소에 있다는 소식을 전해 들었다. 소진 씨는 바로 보호소로 연락했다.

 "장안동에서 온 턱시도 고양이 살아 있나요?"

 보호소에서는 힘찬이가 아직 살아 있음을 확인해주었다. 생명이란 얼마나 질긴 것인지. 보호소 운영 시간은 일반 직장과 똑같다. 그래서 힘찬이는 주말까지 이틀을 더 기다려야 했다. 직장을 다니는 소진 씨가 보호소 운영 시간에 맞추려면 그 방법밖에 없었다.

 마침내 만난 힘찬이는 붙들려온 통덫에 그대로 격리된 채 누워 있었다. 보호소에서는 힘찬이가 너무 사나워 따로 두는 수밖에 없었다고 했다. 그렇게 사납게 굴었던 것은 어쩌면 스스로도 견뎌내기 어려운 고통 때문이거나 교통사고로 자신의 몸을 이렇게 아프게 하고는 멋대로 이동시켜 가둬두고 있는 사람에 대한 분노와 공포 때문이지 않았을까? 소진 씨가 이동장을 들고 통덫 앞에 섰을 때, 힘찬이는 말간 눈빛으로 올려다봤다고 한다. 혹시라도 아픈 데를 건드려 더 고통스럽게 할까 두려운 마음에 통덫 안으로 손을 넣을 엄두도

이 . 많 . 은 . 고 . 양 . 이 . 는 . 어 . 디 . 에 . 서 . 왔 . 을 . 까 .

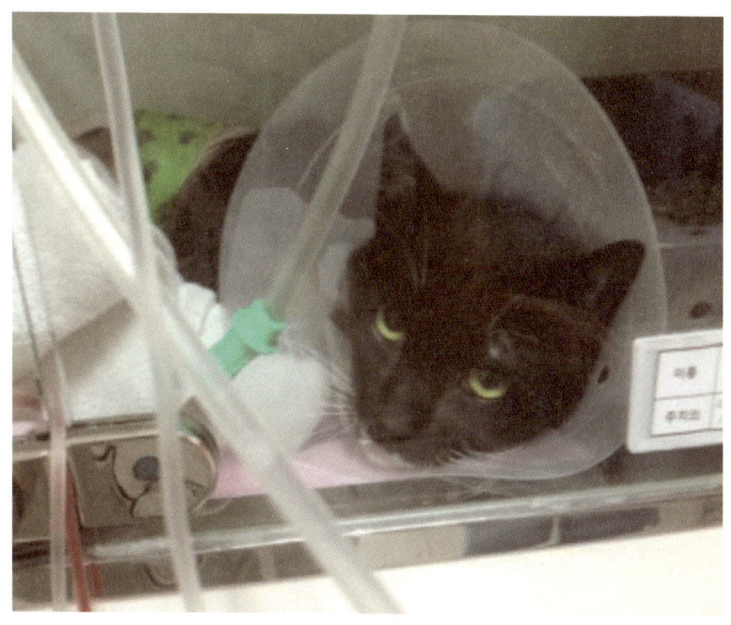

병원에서의 힘찬이. 힘든 병원 치료를 견뎌내고 힘찬이는 새로운 가족을 만나 2년여의 새 삶을 살았다.

나지 않았다. 소진 씨는 힘찬이가 누운 통덫의 문을 열고, 이동장을 그 앞에 대었다. 그러자 힘찬이가 성한 제 앞발로 바닥을 딛고 몸을 끌면서 이동장으로 들어갔다. 그것은 살고 싶은 힘찬이의 의지였을지도 모르겠다.

그렇게 보호소를 떠나 병원으로 향했다. 힘찬이를 진료한 수의사는 힘찬이의 고통이 무척 심했을 것이라고 했다. 힘찬이는 그 고통을 항생제나 진통제 한 알 없이 견뎌야 했다. 최소 8일에서 어쩌면 그보다 더 긴 시간을.

힘찬이의 안타까운 사정에도 화가 났지만 무엇보다도 소진 씨의 마음을 들

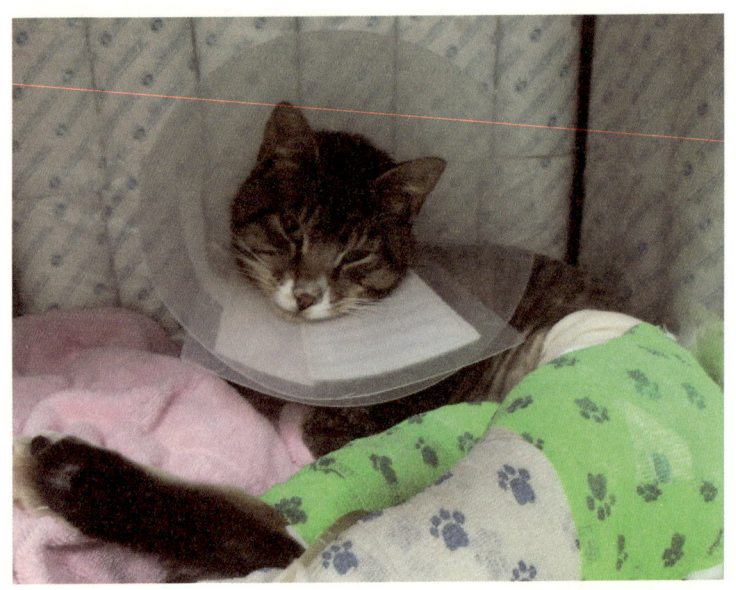

병원에서의 수한이.

끓게 했던 것은 힘찬이의 수술 예후였다. 골반뼈가 부서진 뒤로도 너무 오래 방치되었던지라, 힘찬이의 하반신 신경이 얼마나 손상되었는지 알 수 없었다. 뒷다리를 못 쓸 수도 있고, 배변 능력이 상실되었을 수도 있었다.

  사고를 낸 당사자가 힘찬이를 병원으로 옮겨만 줬어도, 구조 요청을 했던 첫 발견자가 병원으로 옮겨만 주었어도, 요청을 받은 단체에서 힘찬이를 협력 병원으로 데려다만 주었어도, 누군가 행동해주기만 했어도 이런 상태까지 오지는 않아도 되었을 것이다. 하지만 힘찬이를 살려냈던 것 역시 동물애호가였다. 힘찬이의 수술비를 모금해주었던 것은 포털사이트 다음의 아고라 반동방(반려동물방)에서 활동하고 있는 동물애호가들이었다.

이·많·은·고·양·이·는·어·디·에·서·왔·을·까

힘찬이처럼 교통사고로 다치고 방치되는 일은 그다지 특별한 것이 아니다. 힘찬이와 함께 입원했던 워터 역시 교통사고로 골절이 심각하게 일어난 상태로 방치되었던 아이였다. 힘찬이와 워터만으로도 머리가 복잡한 상황에서 캣맘인 지인의 연락으로 또 다른 교통사고 피해 고양이를 만나게 되었다. 수한이라는 이름의 고양이였다.

소진 씨의 지인인 캣맘이 쓰레기더미 속에서 울고 있던 수한이를 발견했을 때는 이미 상태가 매우 좋지 않았다고 한다. 급히 옮긴 1차 병원에서는 교통사고가 원인인 것으로 보이는 심각한 골절, 괴사가 일어난 상처, 신경조직까지 파고든 구더기떼를 발견했다. 그러면서 그에 따른 신경 손상이 의심되며, 후지 마비가 있을 수 있고, 치료 예후가 좋기 어려우므로 추가치료보다는 안락사를 권고했다. 그 상태가 될 때까지 수한이는 아마도 많이 울었을 것이다. 아프다고, 도와달라고, 무섭다고, 살려달라고. 하지만 상처가 썩고 구더기가 낄 때까지 쓰레기더미 속 그 울음에 반응해주는 사람은 아무도 없었다. 그 울음은 그 캣맘에게만 가닿았다.

수한이는 추가치료가 가능한 2차 병원으로 이송되었다. 다행히 그 병원에서는 가능성을 찾아냈다. 물론 치료 과정은 길고 어려웠다. 치료 덕분에 수한이는 다리 한쪽이 짧아졌지만, 제 발로 걷고 제 힘으로 배뇨할 수 있게 되었다. 그것은 모금에 참여하는 동물애호가들의 '행동'과 도와달라는 호소에 귀를 기울이고 손을 내밀어 주는 활동가의 '행동' 덕분이었다.

🐈 살기 힘들어진 길생명들

반려동물 문화가 확산됨에 따라 그로 인한 갈등 역시 심화되고 있다. 무책임한 교배와 출산, 유기는 엄청난 수의 잉여동물을 생산한다. 반려나 애완용으로 인간에게 선택되지 못한 동물은 식용이나 실험용, 번식용으로 유통되거나 길에 버려진다. 이중 사람의 '신경을 긁는' 것은 길에 버려지는 동물이다. 그중에서 단연 선두는 아마도 길고양이일 것이다.

길고양이와 관련하여 그나마 가장 활발하게 논의하고 있는 지방자치단체가 서울시인데, 〈한겨레신문〉에서 서울시의 동물보호과와 한 인터뷰에 따르면 "지난 6~8월 서울시 12곳에서 조사한 결과로 추정한 서울의 길고양이 개체수는 최대 20만 마리다. 집에서 기르는 고양이 7만~9만 마리의 2배가 넘는 수다. 밀도는 ㎢당 441마리로 세계적으로 높은 편이다."[22] 길고양이 개체수로는 이미 포화 상태라고 담당자는 말한다. 많은 구조활동가가 그 대안으로 티앤알(TNR)을 제시한다. 잡아서(Trap), 중성화 즉, 거세를 해 불임으로 만들고(Neuter), 원래 자리에 돌려보내는(Return)일을 반복함으로써, 평균 연 2회 4~6마리의 새끼를 낳는 번식 사이클을 조절할 수 있다는 것이다. 이 길고양이 중성화 정책은 많은 주민이 민원을 제기하는 소름끼치는 고양이 울음소리[23]도 억제할 수 있다. 문제는 길고양이 중성화 정책 시행률이다. 현재 서울시에서

---

22 한겨레 환경전문웹진, 조홍섭, 2015. 10. 15. "http://ecotopia.hani.co.kr/314198"

23 번식기의 고양이는 상대를 부르는 소리를 내는데, 다소 높고 신경질적인 울음소리로 소름끼친다거나 밤에 잠을 잘 수 없다며 불편을 호소하는 사람이 많다. 또한 번식기에는 영역다툼도 심해지는데, 그 과정에서 소음과 지붕울림 등이 발생해 불편을 주기도 한다.

이 . 많 . 은 . 고 . 양 . 이 . 는 . 어 . 디 . 에 . 서 . 왔 . 을 . 까.

중성화 정책이 시행되고 있는 비율은 전체의 11퍼센트 정도로, 효과를 보기에는 너무 미미한 수준이라는 것이다. TNR 예산이 동물이 아닌 위탁업체나 업자의 배를 불리는 데에 사용된다는 점도 또 다른 문제이다.[24]

넘쳐나는 길고양이는 고양이 학대로 이어진다. 분명한 것은 길고양이가 많기 때문에 학대한다는 것이 아니라는 점이다. 사람의 불평과 민원은 좋은 핑계가 되고, 많은 개체수와 잦은 노출은 손쉬운 기회가 되어주었을 뿐이다.

학대범의 속이야 알 수 없겠지만, 고양이가 인기를 끌고 고양이를 좋아하는 사람이 늘어날수록, 고양이 학대 범죄도 늘어나고 있다. 경기도 용인에서는 산 고양이에 불을 붙여 죽인 사건이 있었다. 불이 붙은 채 정비소의 자재창고로 뛰어들었던 고양이의 몸에서는 등유가 검출되었다. 경찰은 학대 사건으로 보고 수사했지만, 결국 미제로 남았다.[25] 또한 외출고양이[26]로 고양이를 키우던 한 주인은 집 주변에서 가시돋힌 나무가 항문에서부터 복부까지 관통된 채 피를 흘리고 있는 자신의 고양이를 발견하기도 했다. 수술 후 회복되는 듯 보였

---

24 인천일보, 김현우, 2015.10.02. "http://www.incheonilbo.com/?mod=news&act=articleView&idxno=660028"

25 연합뉴스, 2013.02.07. "http://www.yonhapnews.co.kr/society/2013/02/07/0701000000AKR20130207131200061.HTML"

26 주인이 있지만, 자유롭게 외부에 나갈 수 있도록 풀어서 키우는 고양이를 말한다. 외국의 경우에는 외출고양이가 많은 편이지만, 한국은 고양이에 대한 편견, 혐오 및 학대 범죄, 취약 등의 위험 요소가 많아 권장하지 않는다. 많은 구조활동가들이 외출고양이 금지를 입양 조건으로 기재하기도 한다.

던 고양이는 결국 한 달 후 세상을 떠났다.[27]

그런가 하면 고양이를 자신이 기르는 다른 동물의 먹이나 장난감으로 삼는 사례도 있었다. 또 시험 삼아 혹은 장난으로 높은 건물에서 고양이를 던지거나 고양이가 잘 피할 수 있을지 궁금하다는 이유로 비비탄 총으로 고양이를 쏘기도 하고, 전동식 못 총(네일 건)으로 고양이의 머리에 못을 박아 죽이는 경우, 어린 고양이를 잡아 높은 곳에 있는 배수관에 꽂아서 아사시키는 경우 등 이루 말할 수 없이 많은 학대 범죄가 일어나왔다.

잔혹하고 충격적이며 빈번하게 일어나는 범죄인데도, 이런 사건의 범인은 잘 잡히지 않으며, 잡힌다 해도 그 처벌이 무겁지 않다. 2011년 개정된 동물보호법에 따르면, 동물학대는 1년 이하의 징역이나 1000만 원 이하의 벌금에 처하도록 하는 범죄이다. 그러나 실제로는 무혐의처리 되는 경우가 많으며, 처벌의 수위 역시 사회봉사나 가벼운 벌금형에 그치고 있다.[28] 하지만 많은 전문가는 이런 동물 학대 범죄가 더 큰 범죄로 이어질 수 있다고 입을 모은다.[29]

---

27 김재민, 중부매일, 2015.09.29. "http://www.jbnews.com/news/articleView.html?idxno=686764"

28 김경희, 포커스뉴스, 2016.05.22., "http://www.focus.kr/view.php?key=2016052100173904267"

29 김태환, 데일리벳, 2015.02.09., "http://www.dailyvet.co.kr/news/animalwelfare/12240"

이 . 많 . 은 . 고 . 양 . 이 . 는 . 어 . 디 . 에 . 서 . 왔 . 을 . 까 .

🐈 세 활동가들의 이야기

세 명의 활동가와 일문일답을 주고받으면서, 내심 궁금했던 것은 이웃과의 관계였다. 나 역시 길생명을 돌보는 것에 관심이 있지만, 이웃과 갈등이 생길지도 모른다는 두려움에 선뜻 행동을 하지 못하고 있어서였다.[30] 하지만 네 사람 모두 이제는 이웃과의 갈등은 거의 없다고 했다. 아마 어렵고 힘들고 인내심도 많이 필요한 과정이었을 것이다. 하지만 말로 요약하자면 간단했다.

1. 사람들의 눈에 띄지 않는 곳에 사료와 물을 둘 것.
2. 주변은 항상 깨끗하게 관리할 것.
3. 동네 사람들에게 친절할 것.
4. 고양이에 대해 부정적인 말을 하더라도 흥분하지 않고, 좋은 말로 이점을 소개하면서 TNR 등으로 소음 문제도 해결할 수 있다는 점을 알려줄 것.

오랫동안 활동한 캣맘들 역시 같은 말을 한다. 어떤 캣맘은 아예 동네 청소를 하고 다닌다고 했다. 오래 이 활동을 하다 보니, 고양이는 요물이라며 정신 빠진 짓 한다고 볼 때마다 싸움을 걸던 어르신들도 혀를 차면서도 고양이 소

---

30 그 외에도 거주지가 불확정적이라 언제 돌봄을 멈추게 될지 모른다는 점도 망설이는 이유이다. 이사는 사람의 생에서 빠지지 않는 이벤트이다. 고양이 커뮤니티 게시판을 보면, 이사를 앞둔 캣맘이 이사 전에 돌보던 지역을 맡기려고 노력하는 글을 자주 볼 수 있다. 늘 식량이 보급되다가 끊기면 길고양이 문제가 다시 생길 수도 있고, 그로 인해 사람들에게 위협받을 가능성도 늘기 때문이다. 사료를 자신이 부담하겠다고까지 하면서 찾지만, 후임자를 찾는 것은 쉽지 않다. 그 때문에 이사 후에도 이사 전 지역을 방문해 돌보는 사람까지 있다.

우리가 고양이를 좋아한다고 해서
모두가 고양이를 좋아해야 할 의무는 없다.
우리가 고양이를 받아들였다고 해서
모두가 고양이를 받아들여야 할 의무도 없다.

식을 들려줄 때도 있다고 했다.

사람에게는 기본적으로 측은지심이라는 것이 있다. 딱한 모습을 보면 측은한 마음이 들고 동정심이 일어 괴로워하는 마음이다. 그 마음은 누구에게나 있지만, 사람마다 각각 다른 상대에게 일어난다.

동물을 좋아하는 사람이라면, 동물을 좋아하지 않는 사람에게 측은지심이 없다고 비난하기보다는, 그들이 동물에게도 그 마음을 가질 수 있도록 노력해야 하지 않을까? 길생명들에게 아무런 관심도 없었던 사람이 애호가들의 노력으로 관심을 가지게 되고, 측은함을 느끼게 된다면, 아마도 길생명들의 삶도 한결 나아질 것이다.

사람들은 흔히 길생명에게 손을 내미는 것을 '돕는 것'이라고 말한다. 그러므로 그것은 선행이고, 따라서 지지나 응원은 당연하다고 적어도 방해나 비난은 없어야 한다고 생각하는 사람들이 있다. 그러나 모든 행동은 양방성을 가진다. 길생명을 돕는 것은 때로는 길생명을 좋아하지 않는 사람들의 편안한 삶을 향유할 권리를 해치기도 한다는 것은 명백한 사실이다. 그렇기 때문에 길생명을 돌보는 사람들은 그들의 의견에 동조하지 않는 사람의 반대를 이해하고 그들을 설득할 의무가 있다.

인터뷰를 진행했던 세 활동가가 주민과 큰 어려움 없이 지낼 수 있었던 것은 이웃의 배려도 있었지만, 본인들이 지난히 노력한 덕분이기도 하다. 세 활동가는 이웃에게 길생명을 돌보는 것이 어떻게 인간의 삶을 이롭게 하는지 설명했다. 그리고 그 이점이 보이도록 스스로 행동했다.

우리가 고양이를 좋아한다고 해서 모두가 고양이를 좋아해야 할 의무는 없다. 우리가 고양이를 받아들였다고 해서 모두가 고양이를 받아들여야 할 의무도 없다.

많은 동물애호가들이 "공존"을 말하며 동물을 사랑하라고 말한다. 하지만 동물을 사랑할 여유가 없는 사람에게 그런 말은 폭력으로 느껴질 수 있다. 공존에 사람 역시 들어 있다는 것을 잊지 말자.

고양이가 좀 더 나은 세상에서 살기를 바란다면, 사람이 살기에 좀 더 나은 세상을 만들어야 한다. 역설적이지만, 사람과 대화하고 사람을 챙기고 사람을 돌봐주어야 고양이도 챙김 받고 돌봄 받을 수 있다. 고양이를 사랑한다면 사람에게도 관심을 줘야 한다. 뭐 예쁘다고 사람을 챙겨야 하는지 의문이 들고, 이제까지 고양이가 당한 박해를 생각하면 억울한 마음에 속이 터질 수도 있겠지만, 어쩔 수 없다. 같이 사는 세상이니 말이다.

그러다 보면 그들도 깨닫게 되지 않을까? 싫어한다고, 거슬린다고, 마음에 안 든다고, 조금 불편하다고 생명을 해할 권리가 없다는 것을. 싫어도 거슬려도 마음에 안 들어도 조금쯤 불편해도 길생명 역시 이웃임을.

10. 고양이를 위한 보호소를 찾아서

구조에서부터 입양, 사후 관리를 하는 지영 씨나 소진 씨 같은 개인구조자는 매우 중요하다. 그런 이들의 노고가 있었기에 많은 반려인이 지금의 반려동물을 품을 수 있었다. 그러나 개인이 오랜 기간 구조와 입양까지의 순환을 반복하는 것은 상당한 부담이다. 그렇기에 장기적으로는 구조 후 보호할 수 있는 공간과 재원, 인력이 있는 보호소가 필수적이다. 그렇다면, 우리 주변에는 어떤 보호소가 있을까? 〈동물가족연대〉니 〈동물사랑실천협회〉 같은 유명 동물보호단체부터 특정 지역을 매개로 성장한 〈고양시캣맘협의회〉나 〈성남시캣맘캣대디협의회〉, 〈한강맨션고양이〉 같은 단체도 있고, 이번에 인터뷰를 진행한 〈나비야사랑해〉 같은 단체도 있다.

🐈 동물과 봉사자 모두를 위한 보호소

2016년 4월, 용산구의 한 주택에 위치한 〈나비야사랑해〉를 찾았을 때, 가장 먼저 든 생각은 '생각보다 냄새가 심하지 않은데?'였다. 방문했던 2호점 보호소에만 약 60마리 정도의 고양이가 살고 있었지만, 일반 보호소에서 경험할 수 있는 지독한 암모니아 냄새나 털, 고양이 울음소리는 없었다. 4월이면 털갈이가 한창일 때라 아침저녁으로 청소해도 털 뭉치가 서부영화의 한 장면처럼 굴러다니곤 한다. 적어도 고양이 둘이 있는 우리 집은 그렇다. 그런데 〈나비야사랑해〉의 보호소는 그렇지 않았다. 고양이를 반려하는 일반 가정과 유사하게 꾸며진 환경을 청결하고 편안하게 유지하기 위해 혼자 일하고 있는 상근자와 주기적으로 찾아오는 봉사자들이 노력한 흔적은 그렇게 아무런 흔적 없이 명확하게 드러났다.

캣타워와 각자의 방에서 편안하게 쉬고 있다가 새로운 사람의 등장에 슬그머니 다가와서 머리를 부비기도 하고, 갖고 간 원고뭉치 위에 드러눕기도 하는 고양이들은 보호소 고양이라기보다는 평범한 집고양이처럼 보였다.

다가온 고양이를 하나씩 살펴보니, 콧물이 차서 쌕쌕거리는 녀석, 눈이 아픈 녀석, 휘청거리며 걷는 녀석 등 조금씩 아픔이 있었다. 쌕쌕거리는 녀석이 유난히 눈에 들어왔는데, 폐렴이 심해서 똑같이 쌕쌕거렸던 콩이가 떠올라서였다. 그런 나를 보고 주연 씨가 "얘가 헤르페스가 심해서 그래요."라고 이야기해주었다. 코가 막혀서 저러고 있다고 하는데, 옆에 앉아 있던 상근자가 유아용 콧물흡인기를 가져오더니 한쪽은 입에 물고 다른 한쪽은 고양이의 코에

이 . 많 . 은 . 고 . 양 . 이 . 는 . 어 . 디 . 에 . 서 . 왔 . 을 . 까 .

〈나비야사랑해〉 보호소의 고양이들. 일반 가정처럼 편안히 다니면서 서로 인사도 나누고 장난도 친다.

대고는 익숙하게 콧물을 제거해주었다. 일상인 듯 무덤덤하게 지나가는 돌봄의 한 장면이었지만, 신선한 충격이었다. 그렇게 〈나비야사랑해〉와의 인터뷰는 시작되었다.

〈나비야사랑해〉의 모체인 〈나비야〉는 2006년 4월에 시작되었다. 하지만 그 전에도 〈나비야사랑해〉의 대표이자 〈나비야〉의 설립자인 유주연 씨는 개인구조자로 활동하고 있었다. 거주지 주변의 길고양이에게 밥을 주고, 사비로 TNR을 하면서 구조된 고양이를 개별적으로 입양 보내는 일을 반복했다. 그 과정에서 고양이 인터넷 커뮤니티 속 다른 캣맘의 사정을 알게 되었다. 주

〈나비야사랑해〉 보호소의 고양이. 봉사자가 흔들어주는 장난감에 발라당을 선보이고 있다.

연 씨처럼 개인구조를 하고 있지만, 구조한 고양이를 보호할 장소를 찾지 못해 발을 동동 구르고 있었다. 당시 주연 씨에게는 제공할 공간이 조금 있었다. 하지만 그 공간을 쓰는 데는 한 가지 큰 전제가 있었다. 이 공간은 입양을 위한 '임시보호'의 장소이지, 머무르는 곳은 아니라는 점이었다. 그 조건에 동의한 활동가들은 구조한 고양이를 맡기고, 자신이 맡긴 고양이는 물론이고 다른 구조자의 고양이까지 돌보며 입양 보낼 준비를 했다. 〈나비야〉는 그렇게 시작되었다.

이런 봉사자 시스템은 세월이 지나면서 차츰 〈나비야사랑해〉의 독특한 봉사자 시스템이 되었다. 현재 2호점까지 있는 '나비야 보호소'는 각각 매주 15

명에서 20명 정도의 정기봉사자가 찾고 있다. 개인적으로 봉사활동을 갔던 보호소에서 좋은 경험을 못 했던지라, 봉사자 관리에 꼼꼼하게 물었다. 주연 씨는 무엇보다도 시켜서 일을 하는 것이 아니라 자기 집, 자기 고양이인 것처럼 자발적으로 일해주는 것을 목표로 했다고 말했다. 하지만 개체마다 성격도 다르고 가지고 있는 질환도 다를 텐데, 봉사자가 마음 가는대로 공간을 침범하고 돌봐도 괜찮은 걸까? 보호소 살림과 상황이 익숙지 않은 신규봉사자에게 그런 기대는 너무 큰 것이 아닐까?

그에 대한 답 역시 가지고 있었다. 신규 봉사자가 들어오면, '빡센' OT를 거친다고 했다. OT 동안에는 입소해 있는 고양이의 이름과 나이, 성격과 상태를 숙지시키고, 투입되는 약을 봉사일지에 작성하는 법, 청소하는 법, 사료와 모래 재고를 파악하는 법, 봉사일지 작성법 등을 알려주고 확인한다. 이 과정을 거치면 생각했던 봉사활동이 아니라거나, 생각보다 너무 고되다는 이유로 다음을 기약하는 사람이 꽤 있다고 한다.

동물도 사람을 기억한다. 사람이 그리운 보호소 동물은 더욱 그렇다. 낯선 사람보다는 정기적으로 오는 동일한 봉사자가 당연히 동물에게도 안정적이다. 그 때문에 주 1회 이상 고정적인 시간대에 봉사할 수 있으며, 최소한 6개월은 꾸준히 올 수 있는 사람을 찾는다.

1호점 보호소는 15명 정도의 사람이 꾸준하게 돌아가면서 봉사를 하고, 기존 봉사자가 빠질 경우 신규봉사자를 투입한다. 2호점은 상근하는 직원과 주말에 오는 봉사자로 운영하고 있다. 두 보호소 모두 대표인 주연 씨의 집에서 멀지 않기 때문에, 갑작스런 일기 변화나 위급 상황, 밀착 간호가 필요한 상황에는 주연 씨가 밤낮없이 달려가기도 한다.

🐈 활동가 여러분, 괜찮아요?

　인터뷰하러 간 날에도 주연 씨는 비슷한 상황이었다. 일정을 잡으려고 통화했을 때와 달리 목감기가 심하게 걸려 있었는데, 그새 구조했던 아깽이 무리에게 따뜻한 침실을 내어주고 거실에서 잔 데다, '야옹'이 아니라 '삐약'하고 울 정도로 어린 생명이라 시간마다 일어나서 분유를 먹이고 배변도 도와줘야 하니 숙면도 포기해야 했다. 목감기는 당연한 수순이었다. 그 상태로 인터뷰하는 와중에도 주연 씨의 전화기는 내내 신규 메시지와 걸려오는 전화로 정신없이 반짝거렸다. 구조대상인 고양이가 있는 어딘가로 통덫을 보내 달라는 메시지, 새로 구조한 고양이를 보호소에 두었다는 연락, 그리고 아마도 다른 확인과 요청 전화들. 한참 이야기를 나누다가 장소로 옮기는 차 안에서 주연 씨는 새로 구조한 고양이 사진을 보여주며 싱긋 웃었다. 그리고 예쁘다는 듯, 내가 루이와 콩이의 사진에 그렇게 하듯 사진이 뜬 휴대전화 화면을 손으로 쓱 쓰다듬었다.

　사진 속 고양이는 성묘였고, 예뻤다. 하지만 내 머릿속에는 방금 떠나온 보호소에 있는 많은 고양이가 떠올랐다. 사람구경 나온 아이들만 얼추 스무 마리는 돼 보였던 성묘들. 숨어 있거나 나와 보지 않은 아픈 아이까지 하면 60여 마리. 다른 보호소에 있는 스무 마리 남짓의 노령묘들도. 그녀만큼의 사명의식이 있지 않은, 평범한 사람에 한없이 가까운 나이기에 묻지 않을 수 없었다.

이 . 많 . 은 . 고 . 양 . 이 . 는 . 어 . 디 . 에 . 서 . 왔 . 을 . 까 .

2010년 보호소에 들어온 지성이. 잠시 맡긴 후 데리러 돌아오겠다고 했지만, 그 약속은 지켜지지 않았다.

"괜찮으세요?! 무담스럽지 않으세요?"

저 문장 뒤에는 '지금도 너무 많잖아요. 그러면 주연 씨는 누가 돌봐요?'가 말이 되지 못한 채 숨어 있었다. 임보를 하는 것만으로도, 사료와 모래, 간단한 병원비에 덜컥 겁이 났던 나였다. 예쁜 고양이보다 안타까운 한숨부터 나왔다. 그녀를 비롯한 수많은 활동가가 이러다 짜부라지면 어떻게 하나 걱정스럽기도 했다. 그리고 한편으로는 내 질문이 너무 무례한 것 같아 미안하기도 했다. 하지만 주연 씨의 표정은 별다른 변화가 없었다.

"그냥 손길이 필요한 고양이가 있으면 구조를 해서 데려다 놓고, 치료해서 입양 보내고. 그러는 거예요. 우리 팀이 입양을 정말 잘 보내거든요. 이번 한 달 새 벌써 열세 마리나 보냈어요."

그러면서 환하게 웃었다. 그 대답을 듣고 그녀의 표정을 보는데, 속으로는 '아이고, 뒷골이야.' 하는 소리와 함께 한숨이 났다. 하지만 이런 구조는 이미 10년의 역사가 있는 별스럽지 않은 일이었다. 〈나비야〉를 시작하고, 이름이 알려지면서 다양한 지역에서 연락이 오기 시작했다. 구조하는 손길이 있다는 것을 알게 된 사람들은 "숲에서 고양이 소리가 나요!"라든지 "쓰레기통에서 고양이 울음소리가 들려요."라며 주연 씨를 찾았다. 나 역시 그런 글을 SNS나 인터넷 커뮤니티에서 봐오면서 문제의식을 가지고 있던 터라 물었다.

"어떻게 보면 떠넘기기로 볼 수도 있을 것 같은데요. 곤란하지 않나요?"

손길이 필요한 개체에 대한 정보를 주는 것은 감사하지만, 구조가 몸도 마음도 지갑도 힘든 일인 것은 누구에게나 똑같다. 활동가라고 해서 분신술을 쓸 수 있다거나 돈이 한없이 나오는 화수분이 있는 것은 아니다.

"그렇지는 않아요. 예전에 비하면 정말 많이 좋아졌는걸요."

구조를 떠넘긴다고 생각했던 나와 달리, 활동가로 오래 일해온 주연 씨는 그 속에서 긍정적인 흐름을 보았다고 했다. 과거에는 구조요청이 와서 가보면 사람도 없고 구조할 개체도 없는 경우도 많았다고 한다. 그리고 돕겠다고 손길을 내미는 사람의 수도 지금에 비해서 현저하게 적었다고. 요즘은 SNS나 커뮤니티에 구조요청이 올라오면, 지역을 확인하고 가서 확인해보겠다며 나서는 사람들이 꽤 있다. 주연 씨 역시 바뀌었다고 한다.

"예전과 달리 지금은 확실하게 물어요. 구조요청자분이 어디까지 해주실 수 있는지, 단순 치료인지 치료 후 보호인지를요. 그리고 고양이를 맡기는 것만으로는 안 된다고, 요청하신 분도 책임을 져주셔야 한다고 말하죠. 그리고 어디까지 해줄 수 있으시냐고 묻죠. 그러면 치료해주면 자기가 보호하고 입양까지 책임지겠다거나, 보호까지 해주면 입양 보낼 수 있도록 최선을 다하겠다는 식으로 할 수 있는 만큼을 이야기해주세요. 저희는 정말 감사하죠."

🐈 느리지만 확실한 변화

인식의 변화는 비단 구조 현장에서만 일어나고 있는 것은 아니다. 2015년 서울시에서는 대형공원 네 곳(서울숲, 보라매공원, 월드컵공원, 용산가족공원)에 급식소를 설치했다. 그리고 네 군데의 동물보호단체에 급식소 관리를 맡겼는데, 용산가족공원의 관리는 〈나비야사랑해〉가 맡게 되었다. 포획 후 보호소로 인계해버리는 과거의 조치에 비하면 진일보한 변화라고 볼 수 있다.

상황은 나아지고 있나고 낙관적으로 말하는 주연 씨와 이야기를 나누고 돌아오면서 과연 그럴지에 대한 의문이 들었다. 〈나비야사랑해〉는 국내에서 몇 되지 않는 사단법인 동물보호단체이다. 그리고 10년의 역사를 가지고 있으며, 동물자유연대나 카라와 어깨를 나란히 할 정도의 명성과 신용을 가지고 있다. 그럼에도 〈나비야사랑해〉의 상근직은 두 명에 불과하며, 대표인 유주연 씨를

〈나비야사랑해〉가 관리하는 용산가족공원의 급식소.

이 . 많 . 은 . 고 . 양 . 이 . 는 . 어 . 디 . 에 . 서 . 왔 . 을 . 까

비롯해 오랫동안 함께한 활동가들은 모두 생업이 따로 있다. 비영리사단법인인 〈나비야사랑해〉는 후원금으로 운영되는데, 현재 가장 큰 후원자는 대표인 유주연 씨이다. 연 2회 바자회를 열어서 후원금을 모으고 있는데, 차츰 입소문이 나면서 해가 갈수록 찾는 반려인의 수도 늘고 있다. 그래도 여전히 회계장부는 슬픈 수준이라고 한다.

또 한 가지, 월 10만 원의 입소비를 내면 보호소에서 고양이 위탁을 해주는 제도가 있다. 후원금이나 운영자금 모금을 위한 제도라고 하기에는 현실성이 많이 부족한 입소비라는 게 첫 인상이었다. 그럼에도 장소가 없어서 구조하지 못하거나, 구조 후에 가족과의 갈등으로 임시보호처를 찾는 사람에게는 유용할 듯도 보였다.

입소를 하려면 조건이 있다. 기존의 고양이를 위해, 종합백신을 3차 이상 접종한 기록, 범백항체 검사 기록, 분변 및 혈액 검사 기록, 귀진드기와 곰팡이, 헤르페스 등 각종 전염병 검사 기록, 중성화 수술 기록과 함께 순화된 고양이일 것, 구조자가 보호소 방문 케어를 할 것, 입양 및 임시보호처를 찾도록 적극적으로 노력할 것이 그것이다.

이 부분에 대해 주연 씨에게 묻자, 주연 씨는 다소 머쓱한 표정으로 이제는 운영하지 않는 제도라고 했다. 일단 내날 10만 원이라는 비용 자체가 현실성이 없는 데다, 그마저도 주지 않는 경우가 많았다고 한다. 그뿐 아니라, 현재 입양을 가지 못하는 고양이가 많고, 꾸준히 추가구조도 되고 있다 보니 임시보호를 맡을 자리가 없다고 했다. 그럼에도 때때로 무작정 맡기러 오는 사람도 있다고. 정기봉사자로 신청해서는 OT를 받으며 보호소 환경과 돌봄 상태를 확인한 후, 보호소 앞에 고양이를 유기하기도 했다고 한다. 그런 여러 가지 이유로 현재는 보호소 입소를 받지 않고 있다고.

그래도 상황은 조금씩 나아지고 있다. 더 많은 곳에서 더 많은 사람들이 어려운 동물에게 손을 내밀어 주고 있기 때문이다. 이런 생명존중과 측은지심의 확산은 〈나비야사랑해〉의 짐을 많이 덜어주었다. 그 덕분에 개인은 할 수 없는 '나비야 이리온 희망이 프로젝트' 같은 대규모 프로젝트도 진행할 수 있었다. 앞에서 언급했던 준팔이나 보보 역시 이 프로젝트의 희망이였다.

나비야 이리온 매칭그랜트, 희망이 프로젝트

이 프로젝트는 2014년에 개에게 물린 채 방치되었던 고양이 '희망이'를 통해 시작되었다. 희망이의 사정을 알게 된 이리온 동물의료원 청담점의 이미경 원장이 〈나비야사랑해〉에서 걷은 후원금 만큼 동일한 금액을 이리온 동물의료원이 부담하는 매칭그랜트(Matching Grant) 프로젝트를 제안했다.

이 프로젝트의 대상은 주로 개인이 구조하기에는 버거울 정도로 심각하게 외상을 입은 유기동물이나 길고양이다. 골반이 부서진 헤라, 후지마비 클래스, 오토바이 사고로 살이 찢기고 탈골된 실버, 녹내장으로 안구를 적출한 국화와 묘령이, 학대로 부서진 두 앞다리 중 결국 한 다리를 잃은 인주, 배수로에 쓰려져 있던 하반신 마비의 보보, 식음을 전폐해 집중관리와 입원실이 필요했던 준팔이, 실험견으로 5년간 살다 안락사를 앞두었던 비글들, 그리고 2016년에는 전신화상으로 인한 감염으로 두 앞다리를 잃은 미르가 24번째

이 . 많 . 은 . 고 . 양 . 이 . 는 . 어 . 디 . 에 . 서 . 왔 . 을 . 까 .

나비야 이리온 매칭그랜트
희망이 프로젝트

매칭그랜트 [matching grant] :
비영리단체나 기관에 내는 기부금만큼
기업에서도 동일한 금액을 1:1로 매칭시켜 내는

NABIYA 사단법인 나비야 사랑해   이리온

" 여러분이 후원해주시는 만큼 이리온에서 후원합니다"

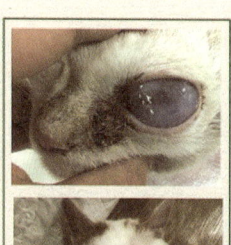

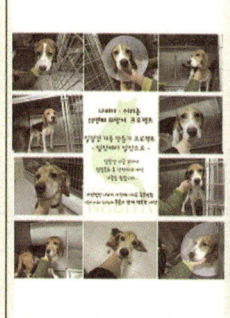

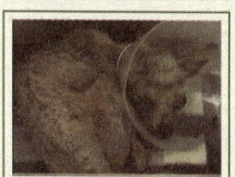

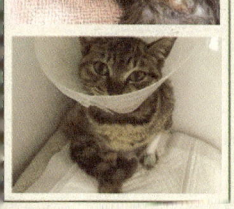

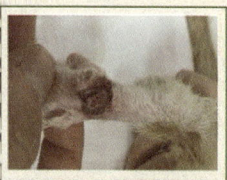

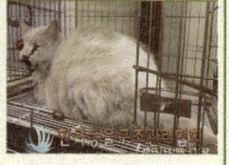
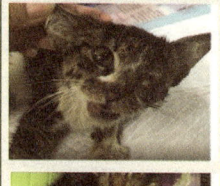

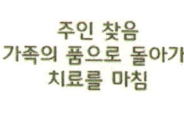

주인 찾음
가족의 품으로 돌아가
치료를 마침

희망이, 사지가 썩어 떨어져나간 골든리트리버 치치가 25번째 희망이가 되어 치료받았다. 치치는 최근 미국으로 입양을 가 새 가족을 만나는 것으로 아름답게 마무리되었다.

🐈 까다로운 입양절차 혹은 꼭 필요한 질문들

2016년까지 〈나비야사랑해〉는 약 300마리 이상의 고양이를 구조해서 보호하고 입양 보냈다고 한다. 연 30마리 정도이니, 상당히 인상적인 기록이라고 할 수 있다. 하지만 입양에는 '사고'라는 그림자도 항상 함께 한다. 개인 활동가가 입양 후 사고 문제로 골머리를 썩고 가슴 아픈 경험을 하는 경우를 자주 본다. 〈나비야사랑해〉는 어떨지 물었다.

현재까지 별 사고가 없으며, 피치 못해 파양해야 한다면 〈나비야사랑해〉로 돌려보내 준다고 했다. 입양 절차의 시작은 개인구조자의 것과 다르지 않았다. 입양신청서를 작성하는 것이다. 특이한 점은 그다음이다. "쉼터를 방문해서 봉사하고, 입양희망 고양이와 시간을 가지며 교감할 것"을 입양절차에 넣어두었다. 외국에서는 의무사항으로 두기도 하는 이 조항은 입양자에게 번거롭더라도 함께 살 두 존재가 마주하고 서로를 알아보는 데 반드시 필요한 단계이다. 개인구조자는 하고 싶어도 하기 어려운 절차인데, 사단법인이라는 '명함'이 입양자들에게 안정감을 주는 덕분인지 반발이 심하지는 않다고 한다. 이 절차가 없어서라고 하기는 어렵지만, 커뮤니티에는 잊을 만하면 개인

나비야 보호소 고양이들.

구조자들이 입양 취소를 당해 한탄하는 글이 올라오곤 한다. "입양자 집에 데려다 줬더니 생각보다 너무 크다고 입양을 취소하겠대요.", "사진과 다르게 생겼다고 데려가라네요." 같은 입양취소는 실제로 만나서 보고 교감하는 단계만 거쳤더라도 일어나지 않았을 일이다. 교감해 본 후에도 마음이 바뀌지 않는다면, 〈나비야사랑해〉 측에서 입양신청자의 집으로 가정방문을 간다. 그리고 환경을 확인한 후에 입양신청서를 작성한다.

이때 발생하는 것이 입양 책임비인데, 일반적으로는 3만 원에서 10만 원 사이에서 책정되며, 돈이나 사료, 특정단체 후원영수증, 병원치료 영수증, 중성화 수술 등으로 대체되는 경우도 있다. 〈나비야사랑해〉는 10만 원으로 책정해두고 있다. 책임비에 대해서는 활동가들 모두 조심스러워진다. 하지만 분명한 것은 책임비는 '수익'이나 '이익'과는 아주 거리가 먼 숫자라는 점이다.

책임비는 입양자가 경제적 지출을 감수할 정도로 마음의 준비가 되어 있는지를 가늠하는 것이 그 목적이다. 또한 적어도 책임비를 지불했다면 그 생명을 가벼이 버리지 못할 것이며 입양 후 병이 생겼을 때에도 치료에 돈을 쓸 것이라는 소심한 기대가 깔려 있다. 물론 책임비는 구조자의 경험에 따른 결과물이기도 하다.

무상입양의 경우 유난히 유기나 가출 사고가 많았고, 계속 새끼를 낳게 하는 업자의 손에 들어가는 경우도 있었다. 또 아주 어린 고양이만 무료나 적은 책임비로 입양 받고 싶다는 사람의 경우, 커뮤니티 사람들의 조사결과 키우던 파충류의 먹이로 주기 위해서였던 것으로 밝혀지기도 했다. 또 무료로 고양이를 입양 받아 지속적으로 학대하고 살해한 뒤 다시 무료로 입양신청 하길 반복하다 덜미를 잡힌 경우도 있었다. 물론 이들 모두가 동물학대죄로 처벌받지 않았다. 그러니 활동가들이 다소 예민하게 접근한다고 해도 너무 놀랄 일은 아닐지도 모르겠다.

입양을 진행할 때 〈나비야사랑해〉를 비롯한 활동가들은 항상 말한다. 유기동물을 입양하는 것은 감사한 일이지만, 입양자가 그것을 선행이라고 생각하지 말았으면 좋겠다고. 한 생명을 가족으로 받아들이는 일이라고 생각해 달라고. 〈나비야사랑해〉는 물론이고 개인활동가들까지 절차가 너무 까다롭고, 많은 정보를 요구한다는 입양자들의 평을 듣는다. 어떤 입양자는 불편한 기분을 떨치지 못해 입양계약서를 앞에 두고 입양을 취소하기도 했다. 하지만 한 번 이렇게 생각해보면 어떨까?

입양은 고양이에게 '온 세상이 바뀌는 일'이다. 최소 10년, 길게는 20년을 함께 할 사람을 찾는 일인데 쉽고 간단할 수는 없지 않을까. 입양자 역시 마찬가지다. 10년 혹은 20년을 함께 살 생명을 데리고 오는 일인데, 앞으로 어떻게 함께 살아갈지, 만약의 변수에 어떻게 대처할지 생각해봐야 하지 않을까? 입양신청서는 그런 생각을 해보도록 돕는 가이드라인이며 입양계약서는 혹시나 모를 안전망이라고 생각해본다면, 한결 받아들이기가 부드러울 것이다.

〈나비야사랑해〉의 보호소를 나올 즈음, 상근자인 계명숙 실장이 말했다.

"좋은 거 먹이고 좋은 치료 해주고 잘 돌봐준다고 해도, 제 집 찾아서 간 고양이랑은 달라요. 입양가면 얼마나 예뻐지는지 몰라요."

그 말에 처음 루이와 콩이가 우리 집에 왔을 때가 떠올랐다. 뻣뻣하고 푸석푸석했던 털과 바싹 말랐던 코, 거칠고 싸졌던 발바닥, 불안한 눈동자. 응석을 부리거나 짜증을 내지도 못했고, 움직일 때는 몸을 잔뜩 낮추어 걸었다. 그랬던 둘이 우리 집으로 온 뒤로 서서히, 그러나 완전히 다르게 바뀌었다. 루이는 생선비늘처럼 반짝이는 털을 가지게 되었고, 콩이는 쌕쌕거리는 폐렴에서 탈출했다. 루이는 베개를 베고 내 옆에서 잠들고, 콩이는 배를 보인 채 큰 대(大)

자로 잠이 든다. 그것이 제 집의 위력일 것이다.

입양 사례를 이야기하던 중에, 주연 씨는 작은 원룸에 사는 한 입양자에게 고양이 둘을 입양 보낸 적이 있다는 이야기를 했다. 환경보다는 고양이를 사랑하고 생각하는 마음을 보았기에 가능했던 결정이다. 때로는 고양이에게 최선의 환경을 제공하려 애쓰는 보호소보다 못한 환경의 집으로 입양 가는 고양이가 있을지도 모른다. 하지만 그렇다고 해도 그곳에 반려인의 사랑이 있고, 편안한 잠자리가 있다면 고양이는 만족하고 아름답게 피어날 것이다. 결국 '고양이를 위한 보호소'는 고양이의 집을 찾기 위한 임시정거장이자 쉼터일 뿐, 집이 될 수는 없다.

2006년, 13마리의 고양이로 시작된 작은 개인보호소였던 〈나비야사랑해〉는 서울 한복판인 용산구에서 100여 마리의 고양이들과 함께 지금도 그들의 가족이 되어줄 사람을 기다리고 있다.

이 . 많 . 은 . 고 . 양 . 이 . 는 . 어 . 디 . 에 . 서 . 왔 . 을 . 까 .

Epilogue

활동가가 있는 풍경

2016년 봄, 서울의 한 카페에서 지영 씨를 만났다. 보강 인터뷰를 하기 위해서였다. 하지만 그 자리에서 다소 마음이 아픈 이야기를 들었다. 지영 씨가 추가로 유기동물을 구조하는 일은 더 이상 하지 않을 거라고 한 것이다. 그 순간 다양한 감정이 스쳐 지나갔다. 동물 구조가 무언가를 얻기보다는 깎여나가는 일인 것 같다는 생각을 하고 있던 때라, 안타깝고 아쉬우면서도 이해가 되었다. 그래도 4년 가까이 온 마음을 다해 해온 일이었다. 무슨 이유로 그만둘 생각을 한 것이냐고 물었다. "특별한 이유나 계기가 있었다고 하기는 어려워요."라는 말로 시작된 지영 씨의 이야기는 비슷한 나이대인 나도 수긍이 가는 이야기였다.

30대 중반을 넘어선 지영 씨는 회사에서 아주 중요한 지점에 와 있다. 계속

이 . 많 . 은 . 고 . 양 . 이 . 는 . 어 . 디 . 에 . 서 . 왔 . 을 . 까 .

경력을 이어나가려면 온전히 회사에만 집중해도 모자란 상황이다. 하지만 얼마 전 지영 씨는 회사에서 업무에 집중하지 못하고 근무 중에 사적 통화가 잦은 부분에 대한 우려를 들었다. 지영 씨 역시 걱정하고 있던 부분이었다. 어떤 회사도 업무 중 사적인 전화가 잦은 것을 좋아할 리 없을 것이다. 하지만 구조한 동물을 돌보고, 임보처를 찾고, 입양을 보내고, 사후관리를 하려면 어쩔 수가 없었다. 지영 씨가 전화를 걸지 않아도 전화기는 계속 울려댔다. 의도치 않았지만, 회사일이 후순위로 밀려날 때가 많았다.

또 하나의 문제는 지영 씨의 마음이 닳아가고 있었다는 것이다. 지영 씨는 보호소에 봉사를 갈 때면 "아무도 데려가지 않을 것 같은 아이"를 먼저 안아 들어야겠다는 생각으로 구조했다고 한다. 그래서 하반신이 마비된 아라나 야생성이 남아 있던 춘장이와 단지를 구하는 데도 큰 망설임은 없었다. 하지만 '금세 입양 갈 것'이라 생각하고 밀어두었던 아이가 보호소 철장 안에서 죽은 채 싸늘하게 굳어 있는 것을 보게 될 때가 있었다. 그럴 때면 지독한 회의와 의심으로 고통스러웠다고 한다. 어느 때는 보호소를 가는 게 무서울 정도였다고. 생각해보면, 그것은 얼마나 무서운 일인가. 자신의 선택에 따라 어떤 생명은 새 삶을 찾고 어떤 생명은 철장 안에서 죽어버린다. 그 결정의 무게는 아마도 숨 막히도록 지독했을 것이다.

시간이 흐르면서 조금씩 모여들었던 현실의 조각들이 제대로 그 모습을 드러냈다. 단지 안타까운 동물을 구하고 돌봐서 입양 보내는 것만으로 끝나는 문제가 아니라는 것이 분명해졌다. 지영 씨가 단단히 발을 붙이고 있어야 할 땅이 흔들리고 있었다.

그런 요동치는 불안정한 현실은 비단 지영 씨만의 것은 아니다. 소진 씨 역시 마찬가지의 일을 겪었고, 겪고 있다. 최근에 구조한 아주 어린 고양이들의 인공수유 때문에 휴가를 냈다는 소진 씨의 말에 일단 잠시 넋이 빠졌다. 그렇게 휴가를 낼 수 있는 것도 대단하고, 휴가를 쓰게 해주는 회사도 대단하다는 생각이 들었다. 알고 보니, 소진 씨는 구조 활동 때문에 업무시간을 탄력적으로 조정해주는 곳으로 이직까지 했다고 한다. 그제야 꼬물이 인공수유, 장애묘 압박배뇨, 유기사건으로 입양자를 찾아갔던 일 등에서 가졌던 의문이 풀렸다. 보통의 경직된 업무시간을 가진 회사에서라면 하기 어려운 일들이었기 때문이다.

직접구조를 한 지 5년째에 접어든 소진 씨에게 그만두고 싶지 않으냐고, 계속 구조할 생각이냐고 물었다. 실례가 될 수 있는 질문이었지만, 경제적으로나 개인적으로 동물구조가 소진 씨의 삶을 지나치게 휘두르고 있다는 생각을 지우기 어려웠다. 내내 눈을 마주치며 말을 하던 소진 씨의 시선이 잠시 아래로 향했다. 그리고 "보지를 말아야 해요."라는 말을 했다. 선문답 같은 대답이었지만, "최면에 걸린 듯" 구조하게 된다는 그녀의 말을 생각하면 무슨 말인지 알 것 같았다.

"항상 그만두고 싶어요. 부모님 용돈도 제대로 못 챙겨드리고, 개인생활도 다 사라졌는데, 이게 뭐 하는 짓인가, 잘하는 짓인가 싶죠."

동물구조를 하는 일에 회의가 들거나 의심이 생기지 않느냐는 질문에 대한 답이었다. 소명의식에 불타는 대답이 나왔다면 더 캐고 들었을 텐데, 너무 솔직한 대답에 잠시 말문이 막혔다. 그러면서도 소진 씨는 동물구조 문제를 좀

이 . 많 . 은 . 고 . 양 . 이 . 는 . 어 . 디 . 에 . 서 . 왔 . 을 . 까

더 근원적으로 해결해야 한다고 말했다.

"사실 개인구조나 보호소는 소극적인 거라고 생각해요. 근본적으로 인식이 바뀌어야 하거든요. 초등학교에서 1시간만이라도 생명윤리나 생명존중 교육을 의무화해줬으면 좋겠어요."

동물구조가 밑 빠진 독의 물 붓기가 되는 가장 근본적인 이유는 통제되지 않은 번식이다. 그렇기 때문에 많은 전문가와 동물보호 활동가가 애완동물 번식업에 대한 규제와 관리감독이 필요하다고 주장한다. 현행의 신고제에서 허가제로 바꾸고, 정부가 규제와 관리감독을 제대로 해주면 좋겠지만, 동물의 문제는 항상 뒤로 밀려나왔다. 그렇기에 교육으로라도 번식공장의 문제점, 무책임한 입양과 유기의 비도덕성을 알리고, 가능하다면 대표적인 반려동물에 대한 오해도 바로잡았으면 한다고 했다. 한국사나 한국어조차 입시에 밀리며 그나마 있는 생태교육이 주로 곤충, 꽃, 나무, 가축 체험 위주인 상황을 고려하면 실현 가능성을 따지는 것이 오히려 답답하지만 말이다.

현실은 여전히 팍팍하고, 지갑에는 돈보다 먼지가 많으며, 도움을 필요로 하는 데는 여전히 많다. 그래도 활동가들은 그다음을 꿈꾼다.

〈나비야사랑해〉의 유주연 씨 역시 척박한 오늘에 서서 밝은 내일을 바라보고 있다. 〈나비야 보호소〉를 보호소의 표준이자 모범이 되는, 고양이와 사람 모두를 위한 보호소로 만들겠다는 포부를 가지고 있다. 그리고 환경이 열악한 보호소가 있다면, 그곳의 동물에게 최고의 의료혜택을 제공할 수 있는 의료법인 설립을 꿈꾼다. 주연 씨는 그것을 '계획'이라고 표현했다.

소진 씨는 가까운 일본의 〈네코다스케〉를 예로 들면서, 고양이를 돌보는 데

현실은 여전히 팍팍하고, 지갑에는 돈보다 먼지가 많으며,
도움을 필요로 하는 데는 여전히 많다.
그래도 활동가들은 그다음을 꿈꾼다.

서 그칠 것이 아니라 고양이를 싫어하는 사람은 회피할 수 있게 돕고, 급식소를 운영하면서 주변 환경을 청결히 하며, 도움이 필요한 사람은 도와서 지역사회에 스며들었으면 좋겠다고 했다.

동물구조와 현실적인 문제 사이에서 갈등하던 지영 씨는 원고가 마무리될 때쯤, 타협점을 찾기 위해 새로운 시도를 해보려고 한다는 소식을 전해왔다. 계기는 유기된 고양이 하나 때문이었다. 고양이를 좋아하지 않는 사람과 고양이에 대한 이해가 전혀 없는 관계기관의 무책임한 처리로 따뜻하고 사랑이 가득하던 집에서 살던 한 고양이가 인적 없는 야산에 유기되었다. 제대로 알아보고 수색하게 하며, 다시 그런 일이 없도록 하기 위해서는 개인만으로는 충분치 않다는 걸 다시 한 번 깨달았다고 지영 씨는 말했다.

하지만 예전처럼 자신의 현재를 뒤흔들게 해서도 안 되었다. 지영 씨는 단체에 참여하는 회원 하나하나가 모두 스스로를 대표라고 생각하고 활동할 수 있는 단체를 계획하고 있다. 자신이 거주하는 지역에서 활동하면서, 관계기관과 지역사회를 제대로 아는 사람들이 참여하는 지역 중심 유기동물 단체라고 했다. 나 역시 그런 조직이 있다면 활발히 참여할 마음은 있다. 하지만 그런 조직이 어느 세월에 생길까? 그저 아득할 뿐이다.

생명윤리나 생명존중 교육의 의무화, 표준과 모범이 되는 보호소와 보호소를 돕는 의료법인, 지역사회와 공조하는 자율적이고 자주적인 동물애호가의 모임. 어느 꿈이든 빠른 시일 내에 이루어질 것처럼 보이지는 않는다. 그리고 설령 출범한다고 해도 성공적으로 운영될지도 확신하기 어렵다.

하지만 10여년 전만 해도 길고양이의 살처분이나 독극물 살포에 대한 문제의식은 거의 없었다. 자치단체에서 급식소를 설치하는 것 역시 상상하기 어려운 일이었다.

2016년, 길고양이는 보호의 대상이며, TNR과 급식소 설치를 위한 캣맘과 지방자치단체의 공조가 이루어지고 있다. 그러니 아득해 보이는 저 꿈들 역시 현실화될 수 있을 거란 희망을 가져도 좋을지 모른다.

이 . 많 . 은 . 고 . 양 . 이 . 는 . 어 . 디 . 에 . 서 . 왔 . 을 . 까 .

그 많은
고양이는
어디에서 왔을까
?

마무리하면서

길이나 보호소의 고양이 구조 이야기를 책으로 엮어야겠다고 생각했을 때부터 내 머릿속에는 한 가지 질문이 있었다. "이 많은 고양이는 어디에서 왔을까?" 각자의 가정에서 예쁨받는, 고민거리인, 입양을 보내야 하는, 유기된, 가출한, 버려진 그 많은 고양이들은 어디에서 왔을까? 전국의 동물병원 철장 안에 있는, 시 보호소에 있는, 사설보호소에 있는 그 많은 고양이는 또 어디에서 왔을까? 길거리에서 얻어맞고 있는, 얻어먹고 있는, 고문당하고 있는, 골칫거리가 되어버린, 죽어가고 있는, 죽어버린 그 많은 고양이는 도대체 어디에서 왔을까? 내 마음 속 깊은 곳에서 슬픔, 울분과 함께 들끓고 있는 질문이었다. 도대체 어디에서 이리도 많이 와버려서, 이 푸대접을 받고 고통을 받으며 죽어가는 걸까?

이 . 많 . 은 . 고 . 양 . 이 . 는 . 어 . 디 . 에 . 서 . 왔 . 을 . 까 .

그 질문은 고통스러웠고, 막막했으며, 답답했다. 1년 동안 원고를 쓰고 엎고 쓰고 엎기를 반복했다. 사례를 제공하기로 한 사례자들은 너무 바빴고, 각각의 사례들은 얼기설기 서로 간에 엮여 있어 조심스럽게 접근해야 한다는 걸 알게 되었다. 작업이 중간쯤 왔을 때, 다 손을 놓고 화면만 바라보고 있었다. 머릿속에서는 저 질문이 계속해서 떠다니는데, 답은 보이지 않았다. 하지만 사실 답은 아플 정도로 가까이에 있었다. 항상 거기에.

이 많은 고양이의 출처는 바로 우리다. 쥐잡이용, 애완용, 돈벌이용, 자기과시용, 자녀교육용, 애완용, 힐링용 등의 용도로 인간에게 갔다가 필요가 다하거나 잉여분이 생기면 길이나 보호소로 내몰린다.

고양이의 번식력은 상상을 넘어선다. 임신 기간은 45~60일 정도이며, 출산 후 바로 다시 발정이 오는 사례도 있다. 실제로 언론과 인터넷을 달구었던 '거문도 고양이 소탕 사건'만 해도, 시작은 쥐잡이용으로 들인 소수의 고양이였다. 문제는 관리다.

길거리에, 우리 집 옥상에, 보호소에 넘쳐나는 고양이들은 그 관리부실과 무책임함의 소산이다. 그 대안으로 활동가와 보호단체는 TNR을 주장한다. TNR의 중요한 점은 동시성, 지속성, 그리고 (또!) 관리이다. 장기 계획을 가지고 동시에 정기적으로 해주어야 고양이의 내규모 번식을 억제할 수 있으며, 음식을 꾸준히 보급해야 환경을 청결히 관리할 수 있다. 그렇기에 지역사회의 참여가 중요하다. 하지만 TNR은 이미 길에 나온 동물의 관리이다.

우리의 관리가 필요한 부분은 또 하나 있다. 길에 나오기 전의 동물이다. 유기하지 않는 것, 반려인의 책임감 있는 동물 관리 그 이전의 단계. 바로 번식에 대한 관리가 필요하다. 예쁜 동물이 미디어에 노출되면 될수록, 활동가들은 걱정이 앞선다. '저 아이들이 얼마 후면 보호소로 밀려들겠구나.'하는 것이다. 이런 걱정은 슬프게도 틀리는 법이 잘 없다. 왜냐하면 소비자가 찾기 시작하면 무분별한 번식업자가 새끼를 뽑아내어 시장에 풀기 때문이다. 소비자가 원하는 것을 공급한다. 그리고 소비자의 관심이 사라지면 잉여로 남는 동물이 생긴다. 품종묘는 물론이고 코숏도 이 사이클을 피해갈 수는 없다. 보신용으로, 단돈 5천 원에서 1만 원으로 고양이를 팔기 위해 새끼를 뽑아 길로 나서는 노점상이 있다.

"사지 마세요. 입양하세요."라는 활동가들의 외침은 거기에서 기인한다. 동물번식업을 관리하고 규제할 법이 제정되기를 기다리는 동안에도 공장에서는 새끼가 만들어지고, 팔리고, 버려진다. 그 사이클에 몸을 비집고 들어가 하나라도 안아 드는 것이 구조 활동가이다. 하지만 그 사이클은 무자비하고 무감정하다. 아무리 안아 들어도, 보호소의 안락사 대상동물 리스트는 줄어들지 않고, 다음 달이면 또 그만큼 뜬다. 전국 방방곡곡에서. 언제까지 개인이 그 밑빠진 독에 끊임없이 물을 부어야 할까.

이 책의 시발점은 "이 많은 고양이가 어디에서 왔을까?"라는 질문이었다. 책이 진행되면서 하나의 질문이 덧붙었다. 바로 "활동가 여러분, 괜찮아요?"이다. 고양이와 사람이라는 다른 존재에 대한 의문이었지만, 둘은 서로를 단단히 끌어안고 있었다. 마치 고양이와 사람의 존재 그 자체처럼 말이다.

어느 쪽이 먼저일지는 알 수 없지만, 두 질문은 한 데 엉켜 돌고 있었고, 아주 빠르게 닿아가고 있었다. 길과 보호소, 병원에서 수많은 고양이가 죽어가

이 . 많 . 은 . 고 . 양 . 이 . 는 . 어 . 디 . 에 . 서 . 왔 . 을 . 까 .

고 있다. 그리고 생업이 따로 있고, 자산도 한정되어 있는 평범한 사람들이 안타까움과 사랑으로 시작해서 사람과 부조리한 시스템에 지쳐가고 있었다. 고양이와는 대화가 되지 않으니, 인터뷰를 할 때마다 활동가들에게 물었다. "괜찮으세요?" 답은 바싹 마른 웃음이었다. 그만두고 싶지만 이미 떠버린 눈을 감을 수 없어서, 굴러가는 돌을 멈출 수 없어서 종착점이 없는 열차를 타고 활동가들이 가고 있다.

활동가들이 하고 있는 일은 개인의 이익이나 취미와는 관련이 없다. 오히려 사회나 시스템이 져야 할 책임을 대신 지고 있는 사람들이다. 물론 그들에게 이 일을 강요한 사람은 없다. 또 활동가들이 그들의 일을 그만둔다고 해도 세상이 쪼개지거나, 해일과 지진이 몰아닥치거나, 전쟁이 일어나지는 않는다. 그냥 한 마리, 혹은 두 마리, 혹은 세 마리가 더 죽을 뿐이다. 그게 별일이 아니라고 할지도 모르겠다. 하지만 번식업에 대한 관리와 규제가 생기고, 사람들이 좀 더 책임감을 가지고 동물을 키우고, TNR로 길고양이의 번식을 조절해 나간다면, 10마리, 20마리, 30마리의 동물이 보호소로 덜 입소될 것이고, 개인 활동가의 손 역시 덜 필요하게 될 것이며, 세금도 덜 쓸 것이다. 암컷고양이는 1년에 4~5회까지 출산이 가능하며, 한 번에 4~6마리의 새끼를 낳는다. 산술적으로는 최대 30마리까지 낳을 수 있다. 이 30마리를 모두 구할 필요는 없다. 30마리 모두를 굳이 죽일 필요도 없다. 오로지 관리와 책임감, 그것만이 필요할 뿐이다.

이 많은 고양이는 어디에서 왔을까? 라는 질문에 함께 해주신 분들(가나다순 정렬)

ㄱ.
강나연(Nayun Kang)·강성민(클라우드)·강유리나·강정민(카미나리)·공용관·곽은숙(정종범)·권소연(시로이누)·권유지(곰탱쓰)·김가핀(피닉스)·김경미(Kyoung-mi Kim)·김경일(lightwar****)·김경채·김미림(mimi10****)·김미연(냥만고양이)·김선애(스내냥)·김윤희(이클립스)·김은행(쿠쏘)·김희정(naruhodo)·김기영(skarkf****)·김다솜(솜)·김보람·김보영·김보영(Mar)·김상이(내쌔랑뽐야)·김선아(나엘이)·김선미(레냥)·김수진(달진)·김승규·김시진·김영신(plus****)·김옥미(김아무개)·김우리(Woo-ri Kim)·김유덕(blood****)·김윤옥(커리지)·김은경·김은옥(힐링캣츠)·김장용·김주연(waa****)·김준희(길고양이들)·김지은·김지혜(Jihye)·심신희·김태문(몬스터군)·김태희(THK)·김현준(Hyunjun Kim)·김하얀(Noire Hayan Kim)·김현재·김현지(Twinkle)·김혜정(ksjj****)·김희정(늑대개)·김희혐(win****)

ㄴ.
남윤아(Yoona Nam)·남혜원(호냐냑)·류경선(샤랄랄라)

ㅁ.
문아람·문찬일(쿠트브)·맹유진(베지밀삐)·민지혜(luna****)

ㅂ.
박가영·박나래(reds****)·박상원·박상준(제육마다)·박혜은(아리고)·박선민(watermel****)·박선영·박소현·박정연(Luna Park)·박정원·박지수·박지원(Park Jiwon)·박찬용(오한마리집사)·방서현(청한날들)·보송한솜보름(길가온)

ㅅ.
서순영(잼잼언니)·석보미(Bomi Seok)·성은주·손준홍(비긋기)·손지선(chees****)·심혜정

ㅇ.
안지예(Jeeyea Sally Ahn)·안은숙·안현영(부농여우)·양선지·양정은·연지혜·오세훈·유세린(세린)·유진영(류선)·유칸(lovelyajani)·윤혜경·이가형(가호)·이경민(토끼)·이기영(제미니)·이다연·이민호(mino****)·이민희(미니뿌)·이상화(태비닭가슴살)·이선애(엘리)·이소영·이예원(죽어라뿡)·이유민(쿠라)·이정민(닝구)·이정윤·이지혜(취미잡지 쏘-스)·이진숙(술(sool,術))·이찬현·이태슬·이현지(무연)·이혜원(데이지)·이희동(아르키니)·인지현(카미)·임수경·임영선(자호)·임윤호(posed****)·임혜림

ㅈ.
장민혁(사랑을주세요)·전도원·정구현·정송희·정유미(tendr****)·정은희·정지향(bluesea****)·정직한(연돌)·조민경(만두)·조수진(수야)

ㅊ.
차소정(아로새기다타투)·천경민(dark chamael)·최아란(렌지)·최민호(Lunatine)·최영순(chiw****)·최윤정(Yoon Jeong Choi)·최윤화(유나)·최지민(효목)

ㅍ.
플루티스트 고혜련

ㅎ.
하민정(아야야)·한유진·한철형·허서영(야무진회동이)·허영롱(원더우먼)·황선미(반단곰곰)·황선미

E.
EJ Lee

리워드를 선택하지 않고, 함께해주신 분
신나·안광은·이수정·장판집고양이·키라마녀

처음 듣는 출판사와 필진에도 불구하고 좋은 의도로 시작된 프로젝트라는 믿음 하나로 2016년 06월 23일부터 2016년 07월 30일까지 크라우드펀딩 사이트 텀블벅을 통해 1,000원부터 150,000원까지 다양한 금액을 후원해주신 분들께 감사드립니다.